Oscar narrativa

Sale & Tabacchi

Appunti di varia umanità
e di fortuite amenità
scritti nottetempo da

Piero Chiara

Nota introduttiva
di Federico Roncoroni

Postfazione
di Giovanni Tesio

Arnoldo
Mondadori
Editore

© 1989 Arnoldo Mondadori Editore S.p.A., Milano

I edizione aprile 1989
I edizione Oscar narrativa ottobre 1991

ISBN 88-04-35331-7

Questo volume è stato stampato
presso Arnoldo Mondadori Editore S.p.A.
Stabilimento Nuova Stampa - Cles (TN)
Stampato in Italia - Printed in Italy

Nota introduttiva di Federico Roncoroni

Piero Chiara ha tenuto acceso i fuochi della sua officina di scrittore sino alla fine Finché la malattia non gli tolse, insieme con il piacere di vivere, il piacere di dar corpo alle sue fantasie e ai suoi ricordi, non rimase inattivo. Forse lavorò per istinto, forse per porre ordine nelle sue carte e non lasciare nulla in sospeso, forse anche per eludere il pensiero della morte o forse per tutte queste cose insieme. Ma di fatto lavorò e, compatibilmente con il suo stato, lavorò molto.

Lavorava soprattutto di notte e al mattino presto. Lasciava i manoscritti sulla scrivania dello studio e là, come di consueto, li trovava Gigliola, la sua segretaria, che provvedeva a metterglieli in pulito. Poi, nei giorni successivi, Chiara li correggeva e li limava, e l'indomani Gigliola li ribatteva. Il lavoro di sempre, solo rallentato dal male.

In questo modo, Chiara, tra l'inverno e la primavera dell'86, condusse a termine il suo ultimo romanzo, Saluti notturni dal Passo della Cisa. *Quindi, tra la primavera e l'estate, lasciati cadere progetti di opere di troppo lungo respiro perché sapeva che non avrebbe avuto il tempo di condurli a termine, compose vari racconti. Infine, con l'autunno, cedette alla forza del male: i fantasmi notturni che lo visitavano ormai non erano più quelli che lo spingevano ad alzarsi per appuntare* un ricordo o un'idea da sviluppare in nuove trame, ma altri, di cui non parlò mai.

Chiusa la partita con la narrativa, però, Chiara non dismise, finché poté, l'abitudine di salire ogni mattina nel suo studio e di trascorrere parte della giornata in mezzo ai libri, a guardare le sue cose, a cercare conforto nei testi che amava — il suo Boccaccio, i classici latini, Sant'Agostino, il suo Casanova, i poeti della sua generazione — e a lavorare. Cominciò con il rivedere quanto aveva nei cassetti e stabilì cosa, a suo parere, avrebbe potuto vedere la luce e cosa doveva restare per sempre ignorato. Vagliò l'epistolario, dando anche per esso precise disposizioni. Poi, da ultimo, si fece tirar fuori i giornali, le riviste e i periodici cui aveva collaborato e compì una rigorosa opera di selezione del materiale che aveva prodotto in tanti anni: eliminò quanto gli parve insignificante o superato e sottopose a una attenta revisione ciò che destinava a una eventuale pubblicazione. Quindi, con un amore per l'ordine che era una componente essenziale della sua professionalità, sistemò tutto questo materiale in cartellette di vario colore e stese per ognuna un indice. Agli amici che andavano a trovarlo e che intuivano il motivo vero di quella sua fatica, diceva che metteva a posto le sue cose non perché pensava di andarsene presto, ma per fare qualcosa, in attesa di riprendere a uscire e a scrivere, e anche perché quel lavoro prima o poi doveva essere fatto.

Una delle cartellette che Chiara ha messo insieme in quegli ultimi mesi e che è stata poi puntualmente ritrovata nel suo studio, è molto voluminosa. È una cartelletta verde, talmente panciuta che l'elastico che dovrebbe tenerla chiusa ha rinunciato a compiere il suo lavoro e giace inerte sul retro. In copertina, la cartelletta reca, di pugno dello scrittore, un curioso titolo: Sale e tabacchi. *Dentro ci sono centinaia e centinaia di fogli bianchi — Chiara li chiamava "camicie" o "lenzuoli" — su ciascuno dei quali è stato incollato — "incamiciato" — un ritaglio di giornale o una pagina dattiloscritta. Il lavoro di ritaglio, battitura e incollatura è opera di Gigliola, che dice di averlo eseguito sotto l'occhio attento di Chiara. Ogni foglio reca in cima la data e il luogo di pubblicazione del testo che contiene o, quando non si tratta di un ritaglio di giornale, la data di stesura del testo. Molti fogli presentano correzioni a penna dello scrittore, segno evidente di un paziente lavoro di revisione. Tutti, poi, recano a matita una perentoria indicazione volta a precisare il destino di ciascun testo: "no" o "sì". Allegata alla cartelletta una busta con un foglio su cui, manoscritti, si leggono il titolo* Sale e tabacchi *e la precisazione "Appunti di varia umanità e di fortuita amenità scritti nottetempo da Piero Chiara".*

Sale e tabacchi. *"Appunti di varia umanità e di fortuita amenità": che sarà mai? Il sottotitolo è chiaro, ma il titolo che cosa significa? Il significato del titolo lo spiega Chiara stesso nel primo testo, come lo spiegava sempre a tutti coloro che non lo capivano. E letta o sentita la spiegazione del titolo, ognuno può intuire che cosa aspettarsi dal contenuto della cartelletta, contenuto che a un primo esame si presenta costituito da centinaia e centinaia di testi per lo più brevi se non addirittura brevissimi, e comunque mai superiori alle due pagine, e tutti diversi l'uno dall'altro: aforismi, citazioni dotte, riflessioni in margine alla vita o alla cronaca, battute colte al volo e infilzate dentro un taccuino, apologhi, schegge di moralismo ora taglienti e ora sanguinanti, ricordi autobiografici, appunti destinati ad essere sviluppati in opere di più largo respiro, spunti di racconti e veri* e propri racconti brevi, ritratti di artisti, scrittori e poeti, rievocazioni di amici scomparsi, considerazioni linguistiche, prese di posizione in campo culturale, motti di spirito e poi tanti e tanti aneddoti, frutto delle scoperte di un lettore onnivoro, capace di scovare i particolari più strani, più irriverenti e più divertenti sul conto di personaggi più o meno imbalsamati dalla storia. Nell'insieme si tratta del corpus completo di quelli che Chiara, scherzando con gli amici, chiamava i suoi minima moralia, le sue "moralità minime" o, anche, il suo "zibaldone": la vasta congerie di testi in cui, per anni, era venuto mettendo per iscritto tutto quello che gli passava per la mente e che in parte, fin dall'inizio degli anni Settanta, avevano visto la luce a scadenza bisettimanale nell'inserto culturale del "Corriere del Ticino": un materiale che, programmaticamente, in linea con il titolo che lo definisce e lo qualifica — Sale e tabacchi — ha come caratteristiche l'estrema varietà delle forme e degli argomenti trattati, giacché Chiara vi affronta, in forme diverse, i temi più disparati, e l'assoluta casualità nell'accostamento dei vari pezzi che lo compongono, poiché Chiara, con una anarchia che ha le sue ragioni, a un testo serio o serioso giustappone una facezia, a uno scavo nell'abisso della memoria un aneddoto dissacrante e alla rievocazione commossa di un amico scomparso un'osservazione sul costume che cambia. Naturalmente, ad accrescere il fascino che questi frammenti esercitano sul lettore giovano non poco, insieme alla pungente arguzia, all'ironica malizia o alla risentita consapevolezza morale dell'autore, la limpidezza e l'eleganza della scrittura, che sono quelle del miglior Chiara.

Così come è, la cartelletta verde intitolata Sale e tabacchi, con il materiale che contiene, si configura di per sé come un libro o, meglio, un progetto di libro la cui idea originaria risale addirittura alla fine degli anni Settanta. Fin da allora, infatti, Chiara si era sentito proporre dall'editore di raccogliere in volume una scelta delle sue *"minimoralità"*. La proposta era indubbiamente interessante, perché Chiara amava questi suoi testi minori, cui finiva con il dedicare più tempo e lavoro di quanto non volesse ammettere, ma per il momento la proposta non ebbe seguito. Chiara non aveva tempo. Era preso da altri interessi o, meglio, dall'urgere nella sua mente di altre idee, che richiedevano di essere realizzate per prime. Il libro dei *"sali e tabacchi"*, come si finì con il chiamarlo per brevità, rimase così solo un progetto, ma Chiara non lo dimenticò mai. Lo dimostra il fatto che, anno dopo anno, venne arricchendo il materiale già raccolto con sempre nuovi testi, che riponeva in un contenitore con la scritta *"S. e T."*. Ma perché trovasse il tempo di ritirarli fuori e di riprenderli in mano, bisognava che venissero i mesi disperati dell'autunno del 1986. Mesi disperati: ma piace pensare che a rileggere, come fece, quei suoi scritti di anni diversi e certo migliori, egli sia tornato a provare almeno un po' dei sentimenti, delle rabbie, delle emozioni e delle speranze che glieli dettarono ed abbia anche trovato un po' di requie nel suo dolore.

Questo volume dà ora pratica realizzazione a quel vecchio progetto, nei tempi e nelle forme voluti da Chiara. Degli oltre seicento testi contenuti nella cartelletta verde, presenta solo quelli da lui selezionati e approvati.

11

Sale e tabacchi

Le cose più diverse tra loro, le più disparate e contraddittorie, accozzate insieme da necessità amministrative o politiche o dalle combinazioni della storia e della cronaca: Stato e Chiesa per esempio, Roma o morte, la borsa o la vita, oppure, al tempo del fascismo, igiene e timor di Dio, come risultava da una targhetta confezionata a cura del "Comitato Nazionale Antitubercolare" e della "Lega contro la Bestemmia", targhetta che ogni padrone di casa era obbligato ad esporre negli atri delle scale e sulla quale si leggeva: "La persona civile non sputa in terra e non bestemmia". Viene in mente il Burchiello: "Il primo era medico, l'altro era zoppo e il terzo bolognese". La più diffusa di codeste strane associazioni, è quella che figura sulle insegne delle privative italiane: "Sale e tabacchi", e che fa da titolo a questo volume per spiegarne e giustificarne la eterogeneità. Infatti, ai reperti della cronaca e alle attualità d'ogni genere, in queste pagine si mescolano curiosità, citazioni e sentenze tolte non sempre a caso dall'inesauribile deposito di saggezza e di esperienza che il mondo trascina con sé insieme alle più bislacche trovate, quasi a sollievo dell'infelice umanità.

1971

I primi soldi che mi sono stati dati e dei quali ho potuto disporre, all'età di otto o nove anni, sono state le monete da dieci centesimi di bronzo, quelle con la vespa da una parte e il re dall'altra, che mia madre mi dava la domenica mattina perché andando a messa avessi qualche cosa da mettere nel sacchetto del sacrestano, quando dopo il Vangelo passava a raccogliere l'obolo. Mia madre mi dava una moneta da dieci centesimi ogni domenica. Dopo un paio di mesi, non avendo mai messo la moneta nel sacchetto, mi ero fatto un capitale di ottanta centesimi col quale tentai la sorte, giocando a murella e a sette e mezzo con i miei coetanei.

La sorte mi fu favorevole, tanto che mi riuscì di mettere insieme un gruzzolo di parecchie lire. Debbo dire, a mio onore, che una domenica mattina versai in una sola volta nel sacchetto del sacrestano non solo gli ottanta centesimi che mi ero trattenuto, ma altri quaranta centesimi. Sentivo di aver giocato in società col parroco e mi pareva giusto farlo partecipare al guadagno.

Noi non pensiamo mai che tutto ciò che del passato ci delizia, musica, poesia, pittura, fu concepito ed eseguito nel freddo. Il Petrarca si svegliava nel gelo della sua cameretta per correggere un verso; e morendo lasciava all'amico Boccaccio una veste di lana perché potesse coprirsi quando vegliava sui libri. Il Vico studiò e meditò dentro le fredde stanze di Vatolla, nel Cilento nevoso. Il Parini scriveva in una gelida soffitta, Bach, Mozart, Vivaldi e Scarlatti composero coi piedi sullo scaldino, i mezzi guanti alle mani e le coperte sulle spalle. Tutto ciò che abbiamo di buono e di grande, fino a cinquant'anni fa, venne alla luce del mondo dall'invincibile freddo degli inverni e delle mezze stagioni. Tanto che spesso mi vien fatto di pensare che se più nulla di veramente importante in quei campi si produce, forse è colpa del riscaldamento centrale.

Il più antico papiro esistente, e quindi il più antico libro che si conosca, è quello detto di Prisse, scritto sotto la V Dinastia dei Faraoni, cioè 2.000 anni avanti Cristo, e conservato a Parigi. Giuseppe Fumagalli, che lo ha decifrato, afferma che quel papiro contiene un trattato morale nel quale si rimpiangono le virtù delle età trapassate.

I critici, appena un'opera d'arte appare, cominciano a parlarne, a commentarla e a sviscerarla con tanta sicurezza e competenza da lasciar meravigliato e senza parole l'autore che, interrogato e punzecchiato in interviste e dibattiti, si trova come un colpevole al quale viene chiesto: Perché l'hai fatto? Come l'hai fatto? Quando l'hai fatto? Lo farai ancora? Da chi hai imparato a farlo? ecc.

Assalito da ogni parte, l'autore mormora delle scuse, si trincera dietro qualche influenza o derivazione, brancola tra le approssimazioni, come se l'opera non fosse sua, frutto della sua mente e del suo cuore, ma una cosa che i critici gli hanno trovato in tasca e della quale non riesce a giustificare il possesso.

Quando da ragazzo passavo per Dumenza, nelle passeggiate con mio padre, mi fermavo sempre in mezzo al paese per guardare una meridiana che segnava l'ora con l'ombra del suo gnomone. Sotto, in un bel cartiglio dipinto, leggevo tre versi che mi sono rimasti in mente. La meridiana è scomparsa da chissà quanti anni, coperta da uno strato di calcina, il gnomone è forse diventato uno spiedo, ma i versi splendono e minacciano ancora nella mia memoria:

Ombra dalla luce uscita
al Sol misuri i passi
all'uom la vita.

L.B., il padre di F., il noto gallerista, aveva un naso simile a un carciofo: bluastro, gonfio, diramato in corni e protuberanze che gli coprivano mezza faccia. Stanco di vedersi nello specchio con quell'aspetto rinocerontesco, decise di farsi rifare il naso con un'operazione chirurgica. Quando riapparve al caffè, nessuno lo riconobbe. Lui stesso non si riconosceva più. Dovette rifare tutti i documenti con fotografia e cominciare ad accettarsi e a farsi accettare come un altro. Lo sforzo gli modificò il carattere e lo rese ombroso, scostante, insopportabile. Tanto era simpatico col suo nasone da pagliaccio, tanto divenne antipatico con quel mignolo che gli scendeva dalla fronte. Finì con l'andarsene dalla città dov'era nato e vissuto per cinquant'anni. Si trasferì in Piemonte, dove nessuno l'aveva mai conosciuto con l'aspetto precedente, ma visse infelice e dopo qualche anno morì. Sulla tomba volle un ritratto di porcellana, ma ricavato da una vecchia fotografia col naso da rinoceronte.

I quadri di Morandi, con le bottiglie e i barattoli schierati secondo misteriose associazioni, fanno pensare, tra l'altro, ad un panorama essenziale ed emblematico della città di Bologna, con le sue torri, i suoi campanili e le sue cupole.

Ma secondo le informazioni fornite da Arnaldo Beccaria, una certa forma cilindrica che si ripete in alcune acqueforti e disegni di Morandi, non sarebbe altro che un barattolo di Ovomaltina.

Secondo Plinio, in una contrada della Scizia chiamata Abarimon, vivevano uomini con le dita dei piedi al posto dei calcagni e con dei polmoni che potevano respirare solo l'aria di quel paese. Chiara allegoria di quella regola di saggezza secondo la quale bisogna vivere dove si è nati e non partire mai per alcuna destinazione.

"Antonio," scriveva il poeta Giorgio Simonotti, "noi non partiremo mai. Il mare delle Antille ha un colore meraviglioso sulla carta geografica..."

Chi, senza essere uomo di studio, pratica per una ragione o per l'altra i libri, finisce per leggiucchiarli qua e là, a caso, attratto da una illustrazione, da un titolo, da un corsivo.

Sono codesti lettori anòmali che spesso ci sorprendono con una citazione rara, con un concetto insolito e talvolta con la rivelazione di un dato storico o letterario che ci era del tutto sconosciuto. Temiamo allora di essere in presenza d'uno studioso d'eccezione, di un erudito inattaccabile o d'uno specialista versatissimo nella sua materia. Si tratta, invece, di cleptomani, che rubano oggetti vari nei Grandi Magazzini del Sapere Universale.

La notizia di matrimoni religiosi tra uomini venuta dall'Olanda un paio d'anni or sono, e le altre di matrimoni tra omosessuali che arrivano regolarmente dalla Danimarca e dagli Stati Scandinavi, non sono nulla di nuovo. Basta vedere una lettera di Michel de Montaigne datata 18 marzo 1581, dove si legge che qualche anno avanti certi portoghesi avevano fondato a Roma una strana confraternita nella chiesa di S. Giovanni a Porta Latina: "Si sposavan tra maschi alla messa, con le stesse cerimonie che noi usiamo per il nostro matrimonio, facevan comunione insieme, leggevano lo stesso nostro vangelo nuziale e poi dormivano e abitavano insieme. Poiché il matrimonio rende legittima l'unione tra maschi e femmine, a quegli astuti personaggi era parso che anche la loro unione sarebbe divenuta legittima se consacrata dalle cerimonie e dai riti della Chiesa".

Il ragionamento pareva ineccepibile, ma ciò nononostante, dice Montaigne, "furono bruciati otto o nove Portoghesi di codesta bella setta".

Apertura, avanzato (equilibrio), biosocioeconomico, carenza, concettualità (politica o sociale), condizionare, conflittualità, contattare, contesto, convergenza, decisionale, dimensione, disponibilità, elitistico (di *élite*), enucleare, evidenziare, finalizzare, frustrazione, globale, habitat, impatto, incentivare, liberatorio, manageriale, marketing, oggettivare, organigramma, parametro, permissività, pluralismo, portare avanti, recepire, responsabilizzare, ridimensionare, ristrutturare, sensibilizzare, strumentalizzare, strutturare, verificare.

Ecco il dizionarietto fondamentale comune a vari strati di "persone colte" e sensibili alle novità del nostro tempo. Chi non ne usa almeno tre in un discorso o in un articolo, può essere ritenuto un cretino. Chi ne usa in maggior copia è certamente un furfante, preoccupato di mimetizzare un imbroglio o di evitare una leale presa di posizione.

È l'amore per le piccole cose a trattenerci nel mondo, a farci gustare la vita. L'amore per le cose grandi o supposte tali, ci stacca dal mondo e finisce per farci perdere il gusto del vivere.

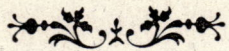

Fino a pochi anni fa, quando nessun editore avrebbe osato pubblicare certi libri, gli scrittori potevano contare sopra una specie di censura che risparmiava loro gli eccessi e le esagerazioni. Ma ora, con la libertà di pubblicare tutto, col silenzio delle autorità civili e religiose su qualunque testo, lo scrittore è indifeso da se stesso e può cadere, come spesso cade, nel ridicolo. È il caso recente di un libro, *Io e lui* di Alberto Moravia, dove l'autore si lascia prendere la mano da *lui* e finisce col far parlare una parte di sé che gli sarebbe dovuta servire ad altro.

Da molti anni, ai giovani poeti che gli inviano le loro opere inedite da giudicare, Giuseppe Prezzolini usa per la risposta un modello di lettera di sua invenzione, redatto pressappoco così: "Ho letto le sue poesie e le ho trovate splendide, meravigliose, nuovissime e tali da mettere in ombra non solo i poeti italiani contemporanei, ma quelli di mezzo mondo. Davanti a un miracolo simile, sconsiglio la pubblicazione in modo assoluto. L'apparizione di quest'opera susciterebbe tanta invidia nei poeti accreditati, che finirebbero con l'influire in tal modo sulla critica da far relegare le sue poesie tra le scorie letterarie. Il che sarebbe un vero peccato. La consiglio quindi di tenerle ben nascoste, limitandosi a leggerle ad amici sicuri".

I giornali hanno dato notizia, da Giakarta nell'isola di Sumatra, della morte di tre dipendenti di una compagnia petrolifera, inghiottiti uno dopo l'altro da un gigantesco pitone, in fondo a un pozzo profondo trenta metri. Ucciso il pitone con una carica di dinamite, i tre uomini sono stati trovati nell'interno del suo ventre. L'orologio di uno di essi, è stato precisato, funzionava ancora.

Alcune case celebri nel mondo dell'orologeria hanno inviato a Giakarta degli emissari per accertare la marca dell'orologio ed acquistare il cimelio.

Quando il doge di Venezia presentava al popolo il

nuovo Magistrato delle Acque, cioè colui che doveva sovraintendere alla costruzione e alla conservazione delle opere idrauliche necessarie alla vita di una città come Venezia, "in aquis fundata", pronunciava la formula: *Pesélo, paghélo, impichélo.* Cioè, valutatelo e se va bene stipendiatelo, ma se mancherà al suo ufficio, impiccatelo.

Ecco perché, venuta meno qualche buona norma, Venezia sta andando in rovina.

L'Istituto Fascista di Cultura, diventato poi Ministero della Cultura Popolare e detto volgarmente Minculpop, durante il defunto regime sovvenzionò editori ed autori italiani allineati, fissando per i poeti di fama nazionale degli emolumenti mensili che andavano dalle mille alle tremila lire; onde i vati dell'epoca furono detti, a seconda della importanza, millelirici, duemilalirici e tremilalirici.

Mi domando: io vivo contro? E mi accorgo che da sempre vivo contro. Non ho mai trovato nulla che mi andasse bene del tutto nel mondo. Tutto ciò che era "già fatto", a cominciare dagli abiti, dalle scarpe e dai cappelli, non mi è mai andato bene, se non con disagio e qualche volta con dolore.

Non mi andava bene la scuola, tanto che fui ripetente in terza elementare e in seconda ginnasio, non tanto per la poca voglia di studiare, quanto per il sistema che mi escludeva naturalmente, come un oggetto estraneo e inassimilabile. Non m'andarono bene i collegi di preti dove passai quattro anni. Altri ci vivevano allegramente, amati dai superiori, simpatici a tutti. A me andava tutto di traverso, non m'integravo, non riuscivo ad inserirmi in quel genere di vita. Tanto che ho sempre evitato di far parte delle associazioni di ex allievi che fioriscono un po' dovunque sul rimpianto della vita di collegio che per me fu un avvilimento da dimenticare, insieme a certe facce libidinose e false di compagni e di superiori che mi apparvero in quel chiuso come l'annuncio della brutta compagnia che mi aspettava nel mondo.

Non mi andò bene la famiglia, sebbene fossi figlio unico, tanto che me ne allontanai, con pena, perché mi sentivo amato troppo.

Non mi andarono bene il fascismo e l'Italia fascista nella quale mi toccò vivere fino all'età di trent'anni, per poi mettermi in fuga e varcare la frontiera quando il mio dissenso non venne più sopportato. L'Italia intera mi ripugnò in quegli anni, con tutti i suoi monumenti e le sue bellezze, coi suoi poeti e i suoi artisti. Pareva che l'Italia fosse vissuta nei secoli, passando dall'Impero Romano al Medioevo al Rinascimento e al Risorgimento, solo per culminare nella coglionatura del fascismo e nella figura di un salame come Mussolini.

Quando tornai in patria, alla fine del 1945, vidi nascere, di un parto podalico, la democrazia italiana; la quale essendo il frutto di una seduzione straniera e non della coscienza nazionale, dovette avere, come ha, la grama esistenza di tutti i bastardi. Dalla democrazia di quegli anni, siamo infatti arrivati ad un nuovo regime, dentro il quale vengono ad esplodere, ingrandite, le inquietudini che hanno investito tutta l'umanità in quest'epoca di trapasso.

La reazione, in Italia come nel resto del mondo, alle nuove situazioni imposte dal progresso scientifico, dall'alienazione, dall'inadeguatezza delle leggi, dallo spappolamento delle religioni tradizionali e dei valori cosiddetti spirituali dell'esistenza, ha dato luogo a manifestazioni di ogni genere, con nessuna delle quali mi riesce di concordare.

Non coi giovani e con le loro idee, vecchie come il mondo, non con gli uomini della politica e coi riformatori che ormai costituiscono una equivoca falange, non con gli uomini di chiesa che cercano brancolando qualche "braccio secolare" cui appoggiarsi per vomitare l'anima. Non concordo con gli architetti, coi pittori e coi poeti ultimi, che cercano, nella spazzatura esistenziale e tra i frammenti del realismo, il nuovo verbo.

In sostanza, con nulla. Vivo contro, ritagliandomi una fetta di mondo e lavorandoci dentro come un tarlo, che non si domanda a chi o a che serva l'armadio nel quale si scava il buco, cosa contenga e che fine farà. Non mi apparto, non volgo la schiena alla società umana: ci sto dentro, la guardo, me ne servo e la servo, nella più completa indifferenza.

Perché l'*indifferenza* è il fatto nuovo. L'ha detto anche il vigile urbano Ezio Bartolucci di Milano, che la sera dopo l'attentato al Papa, interrogato a caso sul drammatico avvenimento da un giornalista de "La Notte", ha risposto: "La notizia non mi ha destato nessuna emozione: è troppo lontana dai miei interessi e dalle mie preoccupazioni".

Quando lord Byron arrivò a Venezia, il 10 novembre 1816, andò ad alloggiare in casa di Piero Segati, mercante di stoffe con negozio in Frezzeria all'insegna del "Cervo". La moglie ventiduenne del Segati, Marianna, divenne presto l'amante, remuneratissima, del ricco poeta.

Piero Segati chiudeva tutti e due gli occhi, aprendoli soltanto per ammirare, e valutare, i gioielli di cui Byron gli copriva la moglie. Anche il negozio di stoffe, per uno di quei compensi che la sorte sembra riservare ai mariti traditi, prosperava. I veneziani, che lo frequentavano con assoluta preferenza, gli avevano tuttavia cambiato il nome già significativo di "al Cervo", in un altro più circostanziato: "al Corno inglese".

Il Movimento Nazionale Antiblasfemo Italiano pubblica un opuscolo nel quale consiglia, come surrogati delle solite bestemmie, le parole "Cribbio", "Sacripante", "Orca l'oca" e altre espressioni del genere, quali potrebbero essere "Porca vacca", "Porco cane" ecc. Non fa caso invece al nome della città friulana Codroipo, che è notoriamente l'anagramma perfetto della più grave di tutte le bestemmie.

Il deputato Pietro Chiesa, di Genova, eletto in una legislatura a fine Ottocento, era un "martellinatore" che anche dopo l'elezione a deputato continuò nel suo lavoro, il quale consisteva nello stare seduto su di un'assicella appesa a un cavo, lungo le fiancate delle navi, a battere le lamiere col martello per scrostare la vernice vecchia. Era così povero, il Chiesa, che quando andava in Parlamento e doveva passare la notte a Roma, per risparmiare la spesa dell'albergo, alle 21 prendeva il treno delle Calabrie e andava fino a Battipaglia, dove arrivava alle tre del mattino, si svegliava, scendeva e saliva sul treno proveniente da Reggio per arrivare, sempre dormendo, verso le 9 a Roma. I deputati potevano viaggiare gratuitamente in prima classe su tutta la rete e il Chiesa profittava della concessione.

> *Qui fu a balia*
> Alessandro Volta
> *il cui marito*
> *riparatore di termometri*
> *infuse nel latte materno*
> *quell'amore alla scienza*
> *che ci donò la pila.*

La lapide è murata sopra una casa sulla strada tra Como e Torno.

In una auspicabile raccolta di lapidi eccezionali non bisognerà dimenticare neppure quest'altra, che figura sulla casa dove nacque Silvio Pellico a Saluzzo.

> *Qui nacque Silvio Pellico*
> *il 24 giugno 1789*
> *Per volere del Municipio*

1972

M.C. è davvero un bonaccione. Ha chiesto e ottenuto il divorzio, comprovando l'infedeltà della moglie, che si è risposata poi con l'amante. Da qualche tempo, però, ci ha raccontato l'altra sera al caffè sotto i portici, ha degli appuntamenti clandestini con la ex moglie ed è talmente contento che, diceva, vorrebbe risposarla. «Faccio bene o faccio male?» Siamo stati zitti e lui ha cambiato argomento.

Per me, però, più che un bonaccione è un fesso. Ha avuto una fortuna rarissima: si è fatto sostituire come marito e come cornuto. Cosa vuole ancora dalla vita?

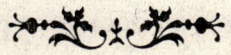

Ci sono dei poeti, per solito da nulla, i quali ogni volta che riescono a pubblicare una poesia, mettono in alto a destra e in corsivo una dedica. E mai a sconosciuti, ma sempre ai maggiori critici e poeti.

Uno dei più illustri ladri di libri fu il Boccaccio, che trafugò parecchi codici antichi dalla biblioteca dell'Abbazia di Montecassino. Ma il più gran ladro di libri fu il conte fiorentino Guglielmo Libri Carrucci della Somalia, che sentendosi forse giustificato dal suo cognome, asportò dalle biblioteche francesi (delle quali era ispettore) migliaia di libri e di manoscritti, coi quali pare abbia realizzato una fortuna.

Il cardinale Passionei, quando nel 1666 era Nunzio Apostolico in Svizzera, si faceva chiudere a chiave nelle biblioteche dei conventi per non essere disturbato nello studio, poi gettava dalla finestra i libri più preziosi a un suo servitore.

"Al limite" dicono da un paio di anni tutti gli sciocchi che fino a due anni fa dicevano "nel caso estremo", "in ultima analisi", oppure "se non si può fare altrimenti".

Il Traina, noto pregiudicato e beffatore del mio paese, essendo detenuto in un carcere mandamentale dove era di casa, trovò l'occasione propizia alla fuga e ne approfittò. Il guardiano, che se ne accorse troppo tardi, lo inseguì gridandogli.

«Traina, cosa fai? Torna indietro! Mi rovini! Perdo il posto!»

Sempre fuggendo, il Traina gli urlò: «Prendi il mio, che è libero».

«Stamane si va a Prato» diceva Viviani certe mattine, quando stavo da lui a Pisa.

Andare a Prato, vedere spuntare sopra i pini marittimi le ciminiere degli opifici, intrufolarsi nelle vie del centro voleva dire per Viviani riscuotere, perché a Prato c'erano molti suoi "passionisti", come diceva lui alla toscana, intendendo i collezionisti appassionati e non certo i Padri Passionisti. Molti lanaioli, infatti, e altri industriali in fortuna comperavano le sue acqueforti e anche i suoi quadri, più che a Pisa, dove non era molto apprezzato, per invidia e per il naturale dispetto dei pisani, e non solo dei pisani, verso gli artisti concittadini e contemporanei volati fuori delle mura e riconosciuti in un più vasto mondo.

«Si dovrà aspettare un secolo» diceva Viviani «prima che a Pisa comincino a parlar bene di me.»

In verità, dopo aver fatto il bel gesto di seppellirlo nella chiesa di San Francesco, non solo a Pisa, ma anche nel resto d'Italia, non si parlò più molto di lui, che fu uno dei più grandi incisori del nostro secolo.

Quando si andava a Prato, dunque, dovevo lasciargli fare il giro dei suoi "passionisti". Lo aspettavo sul mezzogiorno in piazza del Duomo, in un caffè, e intanto giravo per le strade della città vecchia. Ma era il Duomo il luogo dei miei riposi e delle mie estasi. Andavo a sedermi negli stalli del coro, davanti al *Banchetto di Erode* di Filippo Lippi, e stavo a contemplare l'affresco, passando da un viso all'altro di quella ventina di personaggi che siedono alla tavola del Tetrarca di Galilea. Certe volte mi sembrava di far parte della compagnia, d'ascoltare le voci dei banchettanti e di vedere Salomé, tra un'ala e l'altra della tavolata a ferro di cavallo, torcersi in una delle dolci figure della sua danza.

«È una monaca, quella Salomé» mi aveva detto Viviani. «Una monaca amante del pittore, che a sua volta era un prete. Gli diede anche un figlio: Filippino.»

La monaca-Salomé non sembrava una maliarda. Era una fanciulla diafana, avvolta in bianchi veli, pallida e triste, con un piede a terra e l'altro alzato elegantemente nell'atto di disegnare un passo di danza lento e quasi ieratico sul bel pavimento di piastrelle policrome della sala. Pareva una creatura triste, forse davvero una monaca traviata dalla passione, che si offriva in veste di peccatrice, come in effetti era, al pari di Erodiade se non di Salomé, senza alcun Battista in attesa della decapitazione e coperta solo di peccato e di vergogna, davanti a una schiera di gente seduta: Erode, Erodiade e tutta la corte, che sembrava, così assisa, una Corte di Giustizia convocata per giudicare lei povera monaca innamorata.

Uscendo dal Duomo mi trovavo davanti la statua in marmo bianco di Giuseppe Mazzoni, un pratese dell'Ottocento che fu ministro della Giustizia con Guerrazzi, dopo essere stato, nel 1849, con lo stesso Guerrazzi e col Montanelli, triumviro nel governo provvisorio di Toscana. Fu anche, nel 1872, Gran Maestro della Massoneria italiana. Il popolo di Prato, era scritto sulla base del monumento, "auspice un comitato di operai", gli eresse quella statua, dietro la quale scende una colata di marmo che funziona da sostegno al tronco, come la pila di libri che sale dalla base al coccige del Tommaseo a Venezia, nella statua che la città eresse al grande dalmata.

La statua del Mazzoni, alta almeno due metri, è opera di Alessandro Lazzerini, uno scultore carrarese che figurò al Salon de Paris del 1889. Il triumviro tiene la mano sinistra sul fianco e la destra aperta, in avanti, a mezzo giro, in un gesto statuario ripetutissimo, con tre dita in fuori, come se giocasse a morra o a indicare che era uno dei tre.

In una piazza vicina, quella del Comune, di fianco all'antico Pretorio, mi attraeva un'altra statua, anch'essa ottocentesca, ma di un personaggio del Trecento: Francesco di Marco Datini, principe dei mercanti italiani all'epoca del Boccaccio. A quindici anni il Datini era già ad Avignone come rappresentante. A ventotto, sempre ad Avignone, era socio a metà d'una grossa impresa di commercio. A quarantasette anni, ricchissimo, tornava a Prato. Quando fu sui sessantacinque anni, il suo patrimonio era stimato a venticinquemila fiorini, che dovevano essere molti per quei tempi. Da Firenze, dove aveva collocato la sede centrale delle sue molte imprese, commerciava con tutta Europa. Attività bancaria, tessitura, tintoria, ogni genere di industria e di commercio entrava nei suoi interessi, ogni mercanzia passava per le sue mani, dal denaro agli stracci. Morendo, a ottant'anni, lasciò settantamila fiorini a un'istituzione di beneficenza: il "Ceppo dei poveri".

La sua statua, eretta solo nel 1846, ai tempi del Mazzoni, è pressappoco nella stessa positura di quella del triumviro, con la sinistra aperta, ma nella destra i fogli del testamento in favore dei poveri. Ha indosso un robone trecentesco e in testa una berretta coi faldoni, come quelle che portavano Dante e il Boccaccio. Sopra il robone porta un bel mantello che dietro gli arriva fino a terra, col compito di sostenere la statua senza bisogno di colate marmoree o d'altri espedienti che ne assicurino la solidità e la stabilità. Una bella cancellata protegge il monumento dalle deturpazioni della teppaglia.

Il Datini risollevava ai miei occhi l'immagine del Trecento, dei grandi mercanti che si muovono nel *Decameron*. Filippo Lippi quella di un periodo più tardo, quando dipingeva nel coro del Duomo. Era stato accusato di falso e un anno dopo secolarizzato per indegnità al sacerdozio. Più tardi aveva rapito, consensualmente, la monaca Lucrezia Buti. Solo dopo sei anni, per intercessione di Cosimo De' Medici, Pio II Piccolomini, che era di manica larga, lo sciolse dai voti e lo autorizzò a condurre vita coniugale.

Verso le tredici si andava a pranzo in una trattoria dentro una stradina buia, dove Viviani, che era di casa, ordinava sempre la "ribollita". Nella trattoria c'era un cagnetto, un bastardino famoso in tutta Prato, perché sapeva sbadigliare. A un ordine del suo padrone si sdraiava sul pavimento, apriva la bocca ed emetteva un "ahaa" larghissimo e tirato in lungo che era un vero sbadiglio.

Uscendo dalla trattoria si ripassava dalla piazza del Comune e si girava intorno alla statua del Datini.

«Quello era un uomo!» diceva Viviani. «È stato lui a rendere giusto e santo il riscuotere.»

Il Datini era secondo lui il simbolo di Prato, non il Mazzoni e neppure Malaparte, che si dichiarava pratese ma aveva sangue tedesco. Malaparte, in quegli anni in cui stavo a Pisa da Viviani, abitava in una villa sul litorale della Versilia, verso il Forte dei Marmi, dove andavamo qualche volta a trovarlo.

Con Viviani non si usciva mai fuori del triangolo Livorno-Prato-Viareggio. Era il suo mondo e gli bastava. Solo più tardi, saturo di toscanità, ebbe la forza di venire in Lombardia, poi di spingersi in Svizzera e infine a Parigi. Ma le mattine di Prato, col banchetto di Erode, la monaca e la statua o meglio l'ombra del Datini, mi sono restate nella mente come un sogno ricorrente.

Pareva, in quegli anni tra il 1950 e il 1955 e del

mio sodalizio con Giuseppe Viviani, che il passato, la storia, le lettere e le arti contassero molto, che fossero il vero fondamento del vivere, anche se si andava a Prato per "riscuotere".

Gli anni che sopravvennero, imperiosi e funesti, cambiarono volto al mondo. Il Datini e il Lippi si ritirarono, come il Boccaccio, tra gli uomini dei tempi antichi, in uno spazio irreale. Restano ancora, tutti, all'onore del mondo, almeno come memoria, ma nessuno si cura di tenerne conto e nemmeno di saperlo. Intanto, nel 1966, anche Viviani è andato a raggiungerli nell'aldilà, ponendosi quasi con un amaro piacere fra coloro che il mondo non cura e neppure vuol sapere se siano esistiti.

Mi ha raccontato Eugène Ionesco, che durante l'ormai archiviato «maggio francese» del 1968, un gruppo di giovani rivoluzionari andò sotto casa sua e lo chiamò a gran voce per avere la sua solidarietà.

Il grande drammaturgo si affacciò a una finestra, vide la turba, aprì le braccia in un gran saluto, e sopraffatto dagli urli della folla disse: «Bravi, bravi! Fra qualche anno sarete tutti notai!».

«Viva!» gridarono i giovani che non avevano capito nulla.

Si discute, per intanto sulle riviste erotiche, se d'Annunzio fosse o no omosessuale. Secondo un certo articolista lo fu, ma solo sporadicamente, per curiosità e in vecchiaia. Come il mitico Don Giovanni Tenorio, come Giacomo Casanova ed altri *tombeurs de femmes*, il D'Annunzio si sarebbe tenuto alla regola del provar tutto, prima di morire. Il che mi fa rammentare un vecchio avvocato di provincia, che commentando una delle solite notizie di cronaca sullo "squallido mondo" degli omosessuali, esclamava: «Però, s'el fuss bel, mi u butà via cinquant'ann».

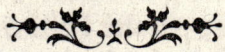

L'uomo non si sente più né visto né ascoltato dai suoi simili e non riesce, da solo, a consistere come individuo. Una volta, in un paese o in una piccola città, quando un giovane entrava in società, cioè quando cominciava ad inserirsi nell'ambiente nel quale era destinato a vivere, veniva identificato e collocato al suo posto dagli altri con la sottolineatura di qualche suo carattere distintivo, difetto o pregio che fosse, tale da contraddistinguerlo per sempre. Spesso un soprannome di famiglia, o personale, bastava a classificarlo. Altre volte era l'avversione o il consenso, l'offerta d'amicizia o la rivalità, l'assunzione in un gruppo di frequentatori d'un caffè, la partecipazione a una piccola corporazione artigiana o il mestiere stesso che esercitava, a differenziarlo e a personalizzarlo quanto bastava perché si sentisse "visto" e tenuto in conto dagli altri. Ora invece capita che un garzone di barbiere, uno studente di medicina, un aiutante barista, un industriale, un commesso di supermercato, un benzinaio, un ingegnere, un architetto, si considerino uguali, purché giovani. Essi non sentono tra loro differenza alcuna e si annullano così a vicenda, dando l'impressione e spesso la certezza che potrebbero senza danno scambiarsi il mestiere. La posizione sociale, il diverso livello d'intelligenza, la cultura, l'origine, il nome stesso, non hanno più valore distintivo e non servono più a differenziare gli uomini. Neppure la bellezza ha una funzione, perché belli o brutti hanno la stessa sorte, e perfino fra le donne capita che una ragazza malformata abbia più successo di una dalle proporzioni perfette, solo che si aggiorni negli atteggiamenti esteriori. La cura dell'eleganza ha addirittura un risultato negativo, in quanto non distingue più, ma al contrario isola i suoi devoti in una posizione spregiata, che presto abbandonano, per confondersi coi loro uguali, tutti con gli stessi pantaloni e le stesse camiciole. E questo non per effetto di nuove ideologie o per spirito evangelico, ma semplicemente per lo smarrimento, negli individui, della coscienza di se stessi, del loro valore e significato individuale. L'individuo non è più di moda.

Salviamo, si dice, la natura. I laghi, i fiumi, le foreste sono in pericolo. Ma soprattutto è in pericolo l'uomo, la sua cultura, la sua civiltà, che ha per punto di partenza il senso della sua individualità, il carattere sacro, religioso, della sua personalità. Perciò, la prima delle battaglie ecologiche deve riguardare l'animale uomo. Il resto, come la difesa dei monumenti, del paesaggio, degli uccelli, dell'ambiente naturale e dei linguaggi, verrà da sé e si troverà salvo se sarà salvo l'uomo con le sue peculiarità, con l'unicità della sua faccia e della sua coscienza. Se non sono un moralista, poco manca.

Per le enciclopedie, incolpate di troppo rapido invecchiamento col progredire incessante e sempre più veloce delle cognizioni d'ogni tipo, si preparano tempi difficili.

Recentemente, su un giornale tedesco è apparsa la lettera che un ingegnere di 87 anni ha scritto all'editore Brockhaus:

"In questa opera da me tanto ammirata alla voce "E 605" sta scritto: *Antiparassitario velenosissimo, pericoloso anche per animali a sangue caldo, 2 gr. sono sufficienti a uccidere un uomo adulto.* Questa informazione mi sembrò preziosa, perché ho 87 anni e volevo togliermi la vita già da parecchio tempo... Alcuni giorni fa ho ingerito una dose di 20 grammi di questo presunto veleno, senza che esso mostrasse la minima efficacia. Da dove avete preso questa informazione sbagliata?

Eppure, la vostra enciclopedia ha fama di essere concepita con serietà."

Molti conferenzieri, e sono i più detestabili, leggono le loro conferenze. Altri, dopo essersi tolto l'orologio dal polso ed averlo posato sul tavolo, recitano a memoria il loro elaborato, come degli attori. Altri ancora, e sono i più sopportabili, parlano a braccio. Ma tanto gli uni che gli altri, sono soliti guardare uno degli ascoltatori, come se parlassero solo per lui. I più accorti, nel corso di una conferenza ne eleggono due o tre e passano con lo sguardo dall'uno all'altro, ma solitamente il prescelto è uno solo, che imbarazzatissimo o fiero a seconda dei casi, finisce col sorridere, con l'approvare e darsi l'aria d'essere il solo in grado di capire il discorso.

La nostra amica G.B. si è trasferita a Milano, da Luino, e vive sola in un appartamento al quinto e ultimo piano di un condominio senza portineria. È disperata. "Basta" ci ha scritto "suonare uno dei tanti campanelli e dire 'Telegramma' o un nome qualsiasi, perché il chiamato schiacci il bottone e apra il portoncino sulla strada. Questo avviene quasi ogni sera e così chi apre dà libero passaggio a una coppia di giovani che salgono al quinto piano, stendono un sacco a pelo sul mio pianerottolo e per due o tre ore si abbandonano alla loro passione. Negli intervalli fumano e mangiano caramelle. Al mattino trovo infatti carte, mozziconi di sigarette e altri rifiuti che non specifico. Ho chiesto una riunione di condòmini e tutti hanno promesso di non aprire il portoncino se non dopo essersi accertati che si tratti di persona autorizzata a entrare. Ma la storia continua. Si vede che la coppia possiede una chiave del portoncino o ha per amico il figlio di qualche condòmino. Cosa posso fare? Una notte ho chiamato la polizia e ho spiegato quello che succedeva. Ma la cosa non dev'essere sembrata urgente, perché l'intervento è avvenuto in ritardo, quando i due se ne erano già andati."

La cosa è davvero curiosa. Non immaginavo che fra le servitù di un condominio ci fosse anche questa. Né che le coppie, d'inverno, si servissero dei pianerottoli all'ultimo piano dei fabbricati d'abitazione. È un fatto nuovo nel costume cittadino. Quanto al da farsi sono perplesso e non saprei proprio cosa consigliare a G. C'è un articolo del codice penale che prevede il fatto di chi in luogo pubblico o aperto al pubblico compie atti ecc. ecc. Ma forse è meglio che G. si limiti a mettere fuori della porta di casa un portacenere, posato per terra. Se sono persone discrete capiranno. Se no, useranno almeno il portacenere.

Il problema non è più quello di cogliere le sfumature tra i vari modi di cucinare, o di ricercare, col fiuto e col palato, i gusti sopraffini. Mute di perlustratori vanno ormai alla ricerca di un pomodoro che abbia il gusto del pomodoro, di una fetta di manzo che risvegli in loro almeno il ricordo dei lessi di una volta, di una fetta di pane che esali la fragranza del frumento. Vane ricerche, perché ormai i cibi si distinguono non più dal sapore, ma dal colore e dalla forma.

I vecchi ricordano, per esempio, l'odore del tuorlo d'uovo crudo, e poi tutti gli odori che l'uovo prende cotto all'occhio di bue in camicia, oppure sodo. Cose delle quali rimane, appunto, ormai solo il ricordo.

Ma chi sa nulla oggi dell'uovo? Chi l'ha studiato a fondo, fino a spingersi con la testa, come un *voyeur* qualsiasi, sotto alla gallina per vedere come nasce l'uovo e scoprire che esce in forma tubolare per poi assumere, con la solidificazione a contatto dell'aria, la forma perfetta che sorprese e affascinò Piero della Francesca? Chi si è mai chiesto, tra i volgari consumatori di cibi che oggi imperversano, il perché di quella lunula bianca che si scorge in fondo al guscio, e che altro non è che una piccola riserva di ossigeno per il pulcino, nel momento tra l'inizio della respirazione e la rottura del guscio?

Il novanta per cento dei panfili ai quali i nuovi ricchi affidano il proprio prestigio, non naviga, ma staziona nella puzza dei porti. E per gli occupanti è grande spocchia mostrarsi seduti nel quadratino di poppa, intenti a prendere il tè o l'aperitivo, con dietro gli angusti localetti dove dormono uno sopra l'altro e il sartiame ingombro di asciugamani distesi, in un ambiente da roulotte o da carrozzone di zingari.

Un amico, parlando con Saba, gli chiese quale opinione avesse di Ungaretti.

«È un grande poeta» rispose Saba.

L'amico allora gli disse che Ungaretti lo riteneva invece un modesto poeta.

«Può darsi» concluse Saba «che ci sbagliamo tutti e due.»

Ma la battuta pare risalga a Cicerone, o quanto meno a Voltaire.

Mancando gli scrittori e in particolare i narratori, piante rare a nascere e a crescere, in questi ultimi tre o quattro anni i premi letterari sono stati dati, perché a qualcuno bisognava darli, a gente che ha semplicemente pubblicato dei libri. Tranne un caso o due nei quali sono stati premiati vecchi scrittori o scrittori già molto noti, e più per le loro opere prime che per le loro opere recenti, i premi sono andati a persone che si sono improvvisate romanzieri e scrittori al fine di cogliere le somme vacanti, che simili a frutti pendenti, aspettavano di cadere in testa al primo che passasse. Ne sia avvertito ogni lettore savio.

Fra le troppe famose *Facezie* di Poggio Bracciolini, umanista del '500 , ne ho trovata una sola salvabile. Le altre non sono che lepidezze stantìe e spesso gratuitamente oscene, che non si capisce come possano aver fatto ridere i Padri del Concilio di Costanza ai quali il Bracciolini le raccontava prima di scriverle.

Ecco, tradotta alla meglio dal latino, l'unica buona, secondo me, non tanto per l'umorismo, che vi fermenta poco, quanto per il tono di racconto, che rammenta il Boccaccio.

Un giorno giunse a Venezia un ciarlatano che esponeva un'insegna sulla quale figurava dipinto un grosso "affare" diviso da quattro legature. Un veneziano gli chiese cosa significasse quella suddivisione e il ciarlatano, scherzando, gli disse che si trattava di una riproduzione del suo "affare", il quale era di una tal natura, che col primo quarto procreava dei mercanti, col secondo dei soldati, col terzo dei capitani e col quarto dei papi. Naturalmente, la tariffa era proporzionata al grado dei figli desiderati.

Lo stolto ci credette, e dopo aver parlato con la moglie, chiamò l'uomo in casa e si accordò per fargli procreare un soldato.

Quando il ciarlatano fu all'opera, il marito fece finta di andarsene, ma si nascose invece dietro il letto, donde improvvisamente saltò fuori per dare una spinta nelle reni al procreatore esclamando: «Per i Santi Evangeli di Dio, te l'ho fatta: questo sarà un Papa!».

L'impiegata dell'ufficio postale di un piccolo paese, aveva l'abitudine di aprire le lettere che le passavano per le mani e di leggerle.

Un abitante del paese, per coglierla in fallo, chiamò un notaio e davanti a lui scrisse questa lettera a un amico:

"Caro Aldo, sapendo che l'impiegata della posta apre le lettere, per farle perdere questa abitudine ti invio acclusa una pulce viva."

La lettera fu accuratamente sigillata senza che venisse messa alcuna pulce nella busta. Quando arrivò a destinazione e venne aperta alla presenza di un altro notaio, ce n'era una.

Non c'è nessuno che davanti alla mostra fiorentina di Moore abbia avuto il coraggio di dire che lo scultore inglese non fa che gonfiare della cartapesta, e tutt'al più ingrandisce, in pietra o in bronzo, salsicce e mortadelle. Tutti hanno paura, dissentendo dall'opinione dei critici e degli intellettuali, di non sembrare intelligenti.

1973

Il più grande sforzo che facciamo, e del quale non ci accorgiamo neppure, è quello d'ogni mattina, al risveglio, quando dobbiamo ricordarci chi siamo, dove siamo e cosa dobbiamo fare; e subito dopo, quando dobbiamo ricordarci di tutto quello che abbiamo imparato e visto vivendo. E tutto per un giorno solo, perché appena ci addormentiamo perdiamo nuovamente ogni cognizione e cadiamo nella più completa incoscienza di noi e del mondo.

Per questo, la vera unità di vita non è l'anno o il mese, ma il giorno.

Mio padre andò in viaggio di nozze a Genova, dove rimase una settimana all'albergo con mia madre. Un giorno gli servirono, alla frutta, delle banane. Era il 1912 e quelle erano le prime banane che mio padre vedeva. Ne afferrò una e con un coltello cominciò ad affettarla. Un cameriere gli tolse di mano il coltello, prese la banana, la sbucciò con le mani e gliela presentò, dicendo: «È così che si sbuccia».

«Bella novità» gli rispose mio padre. «Ma prima di sbucciarla la taglio sempre in punta per vedere se è matura.»

I manuali e le guide sessuali che hanno invaso il mercato librario in questi anni con la pretesa di rivelare i segreti dell'amore e di illustrare agli ignari le infinite possibilità del rapporto carnale, sono quasi tutti opera di maniaci impotenti. Basta leggere qualche pagina per rendersi conto che le tecniche presentate sono frutto di un'eccitazione mentale mai controllata sulla realtà. Il corpo e le sue possibilità, la carica erotica e i suoi effetti, vi figurano né più né meno come l'India, l'Oceania o l'Africa nei libri di Emilio Salgari: continenti immaginari, la cui intuizione fermenta nella fantasia dello scrittore e produce a getto continuo visioni della Malesia, dello Yucatan, di Mompracem e d'altri luoghi, ma sempre con gli stessi colori e con la stessa improbabile e monotona trama psicologica.

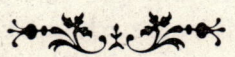

Ci sono vari tipi di ladri. Quelli dei quali mi interesso, come scrittore, sono i ladri per vocazione, quelli i quali pur sapendo che il ladro non arricchisce mai e che avrà vita tribolata e dura, preferiscono il rubare al lavorare. Sanno che il lavoro è fonte di gioia e di soddisfazione, mentre il furto "non paga", come si dice. Eppure scelgono quella vita: vita da ladri, cioè piena di spaventi, intristita dal carcere e quasi sempre coronata da una triste e povera vecchiaia.

È un destino forse, o una deformazione psichica. Non si può nemmeno dire che un tal tipo di ladro operi per una polemica sociale, per odio dei beati possidenti o dell'ordine costituito. Anzi, col rubare per sistema, riconosce e rispetta quell'ordine e quella società e dimostra la volontà di consolidarla. Guai infatti se la proprietà fosse sempre pacifica e indisturbata: forse, come istituto, si guasterebbe. Invece il ladro, insidiandola e mettendola alla prova, la corrobora e la esalta.

Le indecifrabili combinazioni del possibile mi fanno spesso capitare vicino, da un anno a questa parte, un gran prelato francese, alto e maestoso, dalla piccola testa a uovo, con la riga sopra l'orecchio destro e i capelli, più neri che grigi, richiamati verso l'alto. Benché sia cardinale, vescovo o almeno generale di qualche ordine, veste un clergyman nero col colletto bianco e i bottoni d'argento sulla pettorina. Non ha filettature rosse o altri segni del suo grado, ma all'occhiello porta il nastrino della Legion d'Onore. L'ho trovato la prima volta a Roma seduto a un tavolo del ristorante "Eaux vives" con persone anziane e distinte. In quel locale, gestito da un ordine di monache d'ogni razza che servono in tavola nei loro costumi, il prelato pareva di casa.

Meno ambientato mi sembrò un'altra volta a Parigi, alla "Reine Pedoque" mentre si accingeva, con forchetta e coltello impugnati da chirurgo, a disossare un piedino di maiale immerso in salsa verde. Mi capitò poi di trovarlo un mese dopo al "Pappagallo di Bologna" e l'inverno scorso a Cannes. Sempre, il prelato, siede solennemente a tavola con coppie di vecchi coniugi, parla con una voce di testa che sa tenere a basso volume, sporgendo la sua faccia levigata come un ciottolo di fiume ora a destra ora a sinistra. Quando china il capo mette fuori un vistoso sottomento che poi gli scompare nel colletto appena afferra il bicchiere, che eleva come un calice e vuota a piccoli sorsi.

Ogni tanto mi guarda insospettito, forse ricordando anche lui d'avermi già visto altrove. Allora si gratta velocemente l'orecchio con l'indice sinistro, facendo vibrare tutta la mano come un chitarrista e volgendo verso di me la nuca piatta e quasi interamente calva.

Quando si sente o si legge di quel che oggi si fa in favore di chi ha avuto la disgrazia di perdere la vista o addirittura non ha avuto, con la vita, la luce del mondo, viene da pensare a quanto, e in questo caso in meglio, è mutato l'uomo. La pietà cristiana che aveva debellato il crudele *cave signatum* dei gentili, è finalmente fiorita. I non vedenti non sono più, come nei Vangeli, immagine della guida cui non bisogna affidarsi e neppure dolorante umanità, ma uomini come gli altri, sebbene con particolari problemi ai quali si volge premurosamente l'attenzione dei vedenti.

Bruegel oggi non oserebbe rappresentarli in un orribile gruppo di brancolanti afferrati a una stanga che li tiene in fila, e sul punto di precipitare in un fosso. Giuseppe Viviani, l'incisore pisano che ha lasciato così gran segno del suo passaggio nel mondo dell'arte, non consumerebbe, come consumò ai suoi tempi, innocente vendetta contro gli sventurati incolpevoli ai quali una sua vecchia zia aveva legato *in extremis* il patrimonio a lui dapprima promesso. Innocente vendetta che compì includendo in un quadro di soggetto urbano un enorme salvadanaio rosso dalla larga bocca posato per terra, sul quale si leggeva: "Per i poveri ciechi". Ingenua e quasi subcosciente allusione all'istituto che aveva inghiottito, benché più che legalmente, la sua spasimata eredità.

Erano, quegli anni, scarsi di umana comprensione per le menomazioni del corpo e della mente. L'opinione pubblica, che è diventata un aspetto e quasi uno strumento della divina provvidenza, si è mobilitata più volte in favore di donne che venivano escluse dai pubblici uffici perché alte soltanto centocinquanta centimetri, oppure a sostegno dei diritti del carcerato, del mentecatto, e perfino dello studente svogliato o incapace di apprendere.

La narrativa antica purtroppo aveva sempre mostrato ben poca pietà per gli incapaci o gli impediti d'ogni genere. Basti pensare, a proposito di ciechi, al *Lazarillo de Tormes*, o ai monchi, agli zoppi, ai gobbi che popolano la letteratura picaresca e che figurano talvolta anche nelle opere pittoriche.

Oggi invece ai ciechi, per esempio, viene data la possibilità di leggere agevolmente con caratteri a rilievo, di lavorare come telefonisti o in altri impieghi dove non occorra la vista e perfino di praticare, teleguidati, lo sport dello ski. Vengono muniti di cani addestrati a guidarli e talvolta di provetti accompagnatori.

Restino dunque confinati nelle antiche storie e in remote immagini gl'infelici di una volta, tra i quali potrei ricordare un finto cieco e quindi falso infelice, detto il Novara, perché originario di quella città. Era costui apparso nei paesi del Lago Maggiore una cinquantina di anni fa, destando la pietà di quelle ingenue e generose popolazioni, pur non essendo altro che un imbroglione, un simulatore.

Il Novara, nei giorni di mercato o di fiera al mio paese, si faceva trovare di buon mattino a un angolo di strada, oppure sul pronao della chiesa di San Giuseppe, appoggiato al profilo d'una controcolonna.

Era un uomo sulla quarantina, robusto e solido. Vestiva estate e inverno abiti pesanti e senza forma, da pitocco. In testa teneva un cappellaccio a cono infeltrito dal sole e dalla pioggia. A portata di mano aveva un solido bastone col quale, quando camminava, percuoteva il terreno per sentire gli ostacoli e anche per avvertire e far deviare chi gli andasse all'incontro. La sua faccia era ben colorita e accuratamente sbarbata. Sul naso, ben fissato alle orecchie, aveva un paio di occhiali neri di metallo che trattenevano, tra il vetro e l'occhio, un grosso batuffolo di cotone biancastro sotto il quale talvolta scendevano lungo le guance due scolature giallognole. Dal collo gli pendeva sul petto un rettangolo di cartone sopra il quale era scritta a stampatello la parola "Cieco".

Nella mano destra un po' protesa in avanti, o quando era seduto, tra le ginocchia, teneva una gavetta militare di quelle grandi, usate dalle truppe alpine. In quel recipiente sonoro cadevano le elemosine, che nei momenti di vuoto faceva scomparire a manciate nelle tasche dei pantaloni o della giacca. La gavetta o gavettone gli serviva anche, sul mezzogiorno, quando si presentava alla porta di cucina del ristorante "Due Scale" o dell'"Albergo Ancora", ad accogliere i mestoli di minestra e i pezzi di carne dei quali si nutriva con l'aiuto d'un cucchiaio che portava, come una penna stilografica, infilato nel taschino della giacca.

Nessuno ebbe mai il coraggio di strappargli gli occhiali neri e i batuffoli di cotone dietro i quali avrebbe trovato un paio d'occhi verdastri, da volpe, acuti come spade: chi si metteva in quella tenuta, fermo per intere giornate a un angolo di strada o alla porta d'una chiesa, doveva venir considerato cieco a tutti gli effetti e in diritto d'elemosina.

Tutte le borgate del Lago Maggiore e del Lago di Orta col territorio tra Sesto Calende, Vergiate, Gravellona e Monate, erano zona di raccolta per il Novara, che a volte nei mercati si incontrava con colleghi ciechi autentici che presentavano tanto di occhiaie vuote o di bulbi oculari rovesciati. Ma da costoro si teneva quasi con ribrezzo a distanza, come del resto avviene anche tra praticanti di uno stesso commercio o mestiere.

La figura del Novara, che mi si era stampata nella mente fin dall'adolescenza ma che poi, passando gli anni ed essendo io andato a vivere altrove, avevo dimenticata, mi ricomparve davanti una ventina d'anni dopo, quando mi trovai ad esercitare una funzione giudiziaria.

Una mattina mi capitò sotto gli occhi un verbale dei carabinieri, pressappoco così concepito: "Noi Maresciallo Capo a piedi Tale dei Tali e carabiniere Tale dei Tali, chiamati in località X.Y. da telefonata anonima, abbiamo proceduto all'arresto del nominato Mongini Anacleto, in appresso identificato, esercente un negozio di ottica, il quale si era reso colpevole, una mezz'ora prima del nostro arrivo, di lesioni volontarie in pregiudizio del nominato Romualdo Crugnola, tappezziere e suo vicino di bottega, anch'esso in prosieguo identificato, col quale era venuto a diverbio per futili motivi".

Il verbale continuava riferendo che il Mongini risultava pregiudicato per mendicità, ubriachezza manifesta, contravvenzione alla diffida ed altri reati minori, tutti commessi in epoca remota.

Quando l'imputato, interrogato e subito messo in libertà provvisoria stante la non gravità delle lesioni che aveva prodotto al Crugnola, venne nel mio ufficio, osai interpellarlo sul suo passato, tenendomi davanti il certificato penale che era stato acquisito agli atti.

«Sono stato» mi confidò il Mongini «cieco per quindici anni. Ogni mattina mi tappavo gli occhi con del cotone tenuto fermo contro le orbite da un paio d'occhiali neri. Così conciato, andavo per fiere e mercati a mendicare, con un cartello sullo stomaco sul quale era scritto: "cieco". Avevo imparato a camminare lungo i muri, a sentire gli ostacoli col bastone e a muovermi come un vero cieco. Solo alla sera quando andavo a letto e al mattino prima di uscire, godevo della vista, e qualche altra volta, quando mi concedevo un giorno o due di riposo e andavo in qualche città. Con le mie fatiche ho messo assieme un discreto capitale che ho saputo far fruttare. Qualche anno fa ho buttato via cotone e occhiali, mi sono comperato una casa a X.Y. e ho aperto un negozio di occhiali e macchine fotografiche. In gioventù ero stato lavorante presso un ottico di Milano...»

«Ma come vi era venuto in mente di fingervi cieco?» gli domandai.

«Fu un'ispirazione» rispose «Un giorno, nel negozio dove lavoravo, era venuto un cliente a ritirare un paio di occhiali. Mi disse che era stato operato e che aveva riacquistato la vista dopo dieci anni. Un miracolo, ma anche una mezza disgrazia, perché come cieco stava facendo una fortuna. Qualche giorno dopo mi licenziai dal lavoro e cominciai a fare il cieco, andando a mescolarmi nell'ambiente dei mendicanti e dei vagabondi, nel quale ero conosciuto come il Novara, essendo nativo di quella città. Buona parte degli altri ciechi che battevano come me i mercati e le strade, erano simulatori. Uno di questi un giorno mi disse che aveva cominciato come semplice mendicante, ma non era riuscito a resistere. Non sopportava lo sguardo di chi gli dava l'elemosina. Dovette fingersi cieco, per poter tendere la mano, e la cecità del resto è la simulazione più facile e più redditizia fin dall'antichità. Lei immagini uno che si mette a un angolo di strada mostrando un cartello con scritto: "sordo". Non gli darebbero un centesimo. Ma sono cose d'una volta. Oggi si guadagna in mille modi, si ruba, si scrocca, c'è la camorra, la mafia, anche il commercio... Non occorrono più simili espedienti. Il mondo, bisogna pur dirlo, va meglio e ciechi di quel genere non se ne incontrano più.»

"La fierezza m'interdiceva l'amore venale, la probità mi impediva di pensare a una donna sposata, la lealtà a una vergine, l'onestà a un'occasione qualunque. Restava una signora di Warens, una vedova, che per libero consenso, per affezione, per attaccamento e devozione, o per il gusto che ci provava, mi concedeva il dono delle sue grazie, liberandomi dal fantasma della voluttà senza avvilirmi e senza umiliarmi."

Così scriveva Henri-Frédéric Amiel, scrittore e filosofo svizzero del secolo scorso, a trentotto anni, in una delle diciassettemila pagine del suo diario. Professore universitario di estetica, di letteratura francese e di filosofia, l'Amiel è noto per la sua profonda religiosità e per il suo rigore morale, religiosità e rigore che, tuttavia, non gli impedivano di tempo in tempo qualche sfogo: limitatamente alle vedove però.

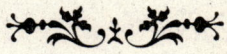

La motocicletta, che fu il veicolo di modesti lavoratori, il mezzo di spostamento del piazzista, del segretario comunale e del maestro di campagna, del macellaio o del guardiacaccia, del daziere o dell'ufficiale giudiziario, è diventata ora il mezzo d'evasione e di rivalsa dei giovani complessati e di quelli alla ricerca di una personalità. Col casco in testa, i giovani d'ogni età si lanciano a sfidare muri, rocce, pali e radiatori, pur di sembrare audaci e fatali come paladini antichi. Corrono, corrono sempre, non per andare a portare una carta o un quarto di vitello, non per svolgere una qualsiasi funzione, ma solo per correre, per godere l'ebrezza del rischio e il canto dei loro pistoni, che hanno sostituito ad altri organi personali, accantonati o silenti per un'atroce beffa della sorte.

Scrive Descartes, in una delle sue "lettere", che Dio ha sempre dato il diritto a coloro ai quali ha dato la forza. Ma la sentenza dev'essere antichissima, se la echeggiarono, ai tempi dell'invasione araba, i poveri spagnoli delle coste prospicienti il Marocco: «Vennero i mori» è detto in un'epigrafe dell'epoca trovata ad Alicante o a Gibilterra «e ce ne diedero fin che vollero, perché Dio è coi cattivi, quando i cattivi sono in tanti».

Oggi F. mi ha chiesto se nessuno rideva apertamente all'imposizione degli *slogans* mussoliniani che si leggono ancora sui muri, riaffioranti con ostinazione a ben trent'anni di distanza. Si rideva, caro F., ma non apertamente. In certi casi, addirittura con tristezza, come quando nel 1941 Mussolini forgiò il motto "Torneremo!" alludendo all'Africa orientale. "Affermo nella maniera più categorica che noi torneremo in quelle terre..." Per fortuna non ci tornammo mai più. Ancora più malinconicamente si rise dell'altra parola d'ordine, "Vinceremo!", che si realizzò come sempre a rovescio, confermando le doti di menagramo del dittatore.

Il problema delle scritte sui muri che riaffiorano, però, non è ancora stato affrontato. Dappertutto, sulle case di campagna, sulle pareti cieche di qualche vecchio palazzo, sui lavatoi pubblici o sulla facciata di qualche palazzo scolastico, si possono leggere i motti mussoliniani riapparsi da sotto le frettolose scialbature del 1945. Nessuno pensa più a ricoprirle. Ma forse questo è un segno preciso: vuol dire che ormai i motti del defunto dittatore possono soltanto farci sorridere.

È curioso il narcisismo metodologico delle analisi strutturali che vanno apparendo qua e là, e sotto le quali i testi poetici più celebri, da Petrarca a Montale, vengono passati attraverso "griglie" che ne isolano allitterazioni, iterazioni, omonimie, aggettivi e sostantivi, identificano strutture semantiche, fonologiche e semiologiche, riuscendo ad un'anatomia del testo poetico puramente statistica e del tutto inutile e insignificante. L'operazione è solitamente compiuta da nuovi filologi vogliosi di mostrare al mondo che i grandi poeti nelle loro mani non sono che delle cavie o dei porcospini, utili, ma non più di qualunque altro autore, a far risaltare la loro alta capacità scientifica: *difficiles nugae*, si diceva in antico, cioè difficili sciocchezze.

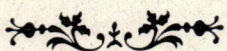

Come cominciavano i vecchi romanzi?

"Le sette finivano di sonare al campanile di..."

"Fra le principali case di via Roma a Torino, state teatro di drammi passionali e scandalosi, è certamente quella segnalata col numero... Nel 1871, la principale locataria della casa era la vedova Pautassa..."

"Correva l'anno 1799 e il capitano Amasa Delano, [...], comandante di un legno da foche e da carico..."

" 'Ebbene mio principe...' Così diceva nel giugno 1805 la famosa Anna Pavlovna Scherer, damigella..."

"Il venerdì 20 luglio 1714, a mezzogiorno, il più bel ponte di tutto il Perù si spezzò, precipitando cinque viaggiatori nell'abisso sottostante."

"Per una di queste stradicciole, tornava bel bello dalla passeggiata verso casa, sulla sera del 7 novembre dell'anno 1628..."

"Dico adunque che già erano gli anni della fruttifera incarnazione del Figliolo di Dio al numero pervenuti di milletrecentoquarantotto, quando..."

Boccaccio, Manzoni, Wilder, Tolstoj, Melville, perfino la Invernizio e un ignoto qualsiasi, preceduti e seguiti da chissà quanti altri, incominciano i loro romanzi con l'indicazione del luogo e del tempo in cui si svolgerà l'azione: Ed è una garanzia, offerta all'inizio, d'aver "dei fatti da raccontare", come al vero narratore s'appartiene, e non delle introspezioni buone solo per l'autore, o peggio ancora delle acrobazie linguistiche, buone per quei lettori che temono, non orecchiandole, di passare per degli incolti.

In una tribù del Congo, la moglie sospetta di adulterio deve infilare la mano in un vaso che sceglie fra molti uguali. I vasi contengono acqua, ma uno è pieno di liquido caustico. Se la donna infila il vaso col liquido caustico è colpevole, e in più si ustiona la mano.

Il sistema sembra folle e crudele, ma in quanto ai risultati, e nei confronti di una vera giustizia, non ha maggiori probabilità d'errore d'un regolare processo, celebrato con l'osservanza della procedura e sotto l'imperio dei codici.

Riflettendo sul fatto che i grandi personaggi della storia hanno sempre un sosia, la casa produttrice di un "amaro" italiano ha diffuso manifesti e inserzioni nei quali si vedono dei sosia di Mao, Nixon, Golda Meir e altre celebrità di oggi, con in mano la bottiglia dell'"amaro".

Anche l'Imperatore Francesco Giuseppe ebbe il suo sosia. Quando in visita a Venezia la prima volta, gli fu presentato un gondoliere che gli somigliava in modo sorprendente, l'imperatore restò pensieroso per qualche minuto poi, chiamato da parte il gondoliere, gli domandò sottovoce: «Vostra madre non è mai stata a Vienna?».

«No» gli rispose con deferenza il gondoliere «c'è stato mio padre...»

A un novantenne che stava morendo di vecchiaia, i figli andavano domandando insistentemente se avesse qualche ultimo desiderio da esprimere. Il vecchio, seccato per quelle premure ormai inutili, rispose: «Vorrei imparare a suonare il violino».

¹Hirschfeld, in *Anomalies et Perversions sexuelles* (1956) riferisce che fino al 1880 negli Stati del Papa si castravano in media duemila ragazzi all'anno per alimentare i cori di voci bianche.

I genitori, i quali sapevano di poter trarre vantaggi economici dalla carriera che si apriva ai loro figli con l'evirazione, li inducevano a subire l'intervento, che consisteva nello svuotamento della borsa scrotale. Litorio Vittori, famoso castrato, al padre che andato in miseria gli chiedeva soccorso, offrì senza dir parola una borsa di zecchini dopo averla svuotata davanti ai suoi occhi.

DOMANDA *(del solito intervistatore telefonico)*: Può un letterato italiano, anche se affermato, vivere con i proventi della sua attività letteraria?
MIA RISPOSTA: È quello che mi domando anch'io da molti anni.

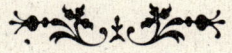

1974

A. S. ha ottenuto da un anno il divorzio e si è risposato, ma al "referendum" voterà contro il divorzio. È indubbiamente un uomo di una coerenza invidiabile, e i divorzisti dovrebbero tenerne conto. Sono infatti convinto che i sostenitori del divorzio, una volta risolto il loro caso, diventino antidivorzisti, in un paese dove i fascisti sono diventati antifascisti, i cattolici comunisti e i comunisti conservatori.

Due vecchi ippocastani rattrappiti ai quali è rimasta appesa qualche foglia rossa bruciata dal gelo, poi il molo di granito rosa costruito ai tempi di Maria Teresa. Di qui il porto con qualche barca che galleggia nell'acqua ferma, di là il lago celeste e a tratti bianco, dove si riflettono le nevi che coprono i monti. Sul fondo una grande montagna che pare una piramide di ghiaccio.

D'estate, lo stesso paesaggio ha in primo piano i

due ippocastani gonfi di foglie, poi il porto incre-
spato dalle brezze e con le barche che si dimenano
dolcemente. Oltre il molo, c'è il lago, azzurro o ver-
dastro. In fondo, la montagna piramidale diventata
verde e incoronata di qualche nube.

Se un uomo con un bambino per mano compare
sul molo, è mio padre che mi porta a vedere come è
fatto il mondo.

È questa l'immagine più forte che si è stampata
nella mia mente fin dall'infanzia. Non le Piramidi,
non il Partenone, San Pietro o l'Empire State Buil-
ding, ma quel braccio di lago, quelle barche che
galleggiano nella calura o nel gelo, i due vecchi
ippocastani e il monte lontano.

All'Università di Milano, gli studenti hanno rifiutato un corso su Dante, benché proposto da un professore comunista.

Molti intellettuali e molti scrittori − i soliti − si
sono assunti la difesa dell'Alighieri e hanno cercato
di spiegarne l'importanza al fine degli studi e l'attualità anche politica. Quanto a me, non mi associo a
quelle arringhe, primo perché Dante, là dove è, cioè
nella storia, se ne stropiccia di contestatori e di con-
testati; secondo, perché chi non ne sente l'importanza non ha neppure bisogno di conoscerlo, essendo

evidentemente volto non agli studi e al sapere, ma a cose pratiche ed elementari, e, nel caso, forse all'arrembaggio di qualche stipendio, preferibilmente statale o parastatale, per conseguire il quale occorre conoscere qualche ministro o deputato e non Dante Alighieri che non ha voce presso i partiti; terzo, per dar retta a un antico proverbio milanese: "Mai dag i biscott ai càn — mai istruì el vilàn".

I poeti e gli scrittori contemporanei non scrivono più lettere d'amore. Le ultime resteranno quelle di Quasimodo alla Cumani e quelle di Campana alla Aleramo, con alle spalle quelle tra Gozzano e la Guglielminetti. Il grande campione del genere, resta d'Annunzio con le sue mille e più lettere a Barbara Leoni, che fu una delle sue molte amanti e destinatarie di missive infuocate. Non scherzò neppure il Carducci, benché meno acceso, e più familiare.

Ma a leggerle, tutte queste lettere, appare chiaro che i poeti non scrivevano alle loro donne, ma quasi inconsapevolmente ai futuri lettori dei loro epistolari amorosi. C'è uno studio, in quelle pagine, una mira che va al di là delle destinatarie.

Giuseppe Viviani, vedendo un giorno nella vetrina d'un cappellaio un cappello che gli piaceva, «Lo comprerei» disse «ma è inutile, perché tanto uno di questi giorni mi ucciderò».

«Ma del denaro che non comprando il cappello risparmi, cosa ne farai dopo morto?» gli domandai.

«Comperare un bel cappello» mi spiegò «è un atto di fiducia nella vita e in se stessi. Perciò non lo compero. In quanto al suicidarmi, è un atto di sfiducia nella vita e in me stesso. Perciò coltivo il progetto.»

Un giornalista o, meglio, il responsabile della pagina culturale di un quotidiano che va per la maggiore, mi ha chiesto se, visto che scrivo romanzi, non trovo affascinante la storia, rivelata dalla cronaca, di quella donna di nome Lucia Parenzan che viveva col bandito Luciano Liggio senza sapere chi fosse e che gli aveva dato un figlio. «È un vero romanzo» diceva il giornalista. «Perché voi scrittori inventate delle storie e non adoperate quelle che vi offre la cronaca?» Di storie da raccontare, in effetti, ce ne sono a migliaia, anche senza seguire la cronaca. Ma un fatto, per diventare romanzo o racconto, dev'essere investito di implicazioni psicologiche che lo scrittore ricerca in sé e fuori di sé, attraverso una lunga elaborazione della realtà. «Perché non raccontata la mia vita» mi scrive ogni tanto qualcuno «che è tutta un romanzo?» Perché per me è romanzo solo quello che è passato al filtro della mia visione estetica, dovrei rispondere. La storia della donna di Liggio è interessante, ma al momento è più maturo per me, ai fini del racconto, un fatto di trent'anni fa, che la cronaca non ha neppure registrato, ma dentro il quale posso trovare significati e valori che sono in sintonia con la mia vena narrativa.

I premi letterari del 1973 in Italia sono andati tutti, come negli anni passati, a scrittori affermatissimi e qualche volta anziani pressoché giubilati. Farebbe eccezione il "Campiello" toccato a Carlo Sgorlon, se lo Sgorlon fosse un giovane sconosciuto, mentre invece è un anziano scrittore, negletto negli anni scorsi ed ora venuto giustamente in primo piano. In Francia invece nel 1973 i premi "Goncourt", "Foemina" e "Renaudot", che sono i principali, hanno laureato degli scrittori giovani, sconosciuti o quasi. Basti pensare che il "Goncourt" è toccato a Jacques Chessex, uno svizzero trentasettenne professore in un ginnasio di Losanna.

Giurie più audaci? Editori più coraggiosi? Oppure abbondanza di nuovi scrittori? Non direi. Vuol dire solo che in Francia l'industria culturale è più scaltrita e prepara, cioè gonfia e pubblicizza per tempo gli autori necessari a sostenere il mercato.

Occorre rimpiazzare le Sagan e gli altri divi del firmamento editoriale francese. In Italia invece tutto va all'antica e giustamente si lascia che gli autori restino sulla breccia fin che possono. Sono infatti ancora attivi ed accettati Palazzeschi, Moretti, Prezzolini, Bacchelli, Montale, Valeri e altri che si avvicinano ai novant'anni o che li hanno già passati.

L'uomo cerca sempre ciò che può mettere in pericolo la sua vita. L'automobilista audace, lo scalatore, il nuotatore che si avventura al largo, il giocatore d'azzardo o colui che si accinge a "conquistare" una donna fatale, sono tutti in cerca del pericolo. Nella misura consentita dalle loro forze, gli uomini cercano le maggiori perdite e i maggiori pericoli, dice Georges Bataille, uno studioso francese esperto di questi problemi. E la ragione va probabilmente cercata nel bisogno innato, nell'uomo, di superare l'angoscia che lo coglie appena ha consapevolezza del destino di morte al quale non potrà sfuggire entro un giro più o meno breve di anni. Per ribellarsi alla certezza della morte, non ha altra via che sfidare la morte, sfiorarla, evitarla di misura. In questo gioco fatale spesso anticipa la sua fine, con una specie di sacrificio o immolazione che non è l'ultima delle sue soddisfazioni.

Ogni anno escono dalle tipografie centinaia di volumetti dai titoli patetici, dalle copertine rosse, gialle o viola, e qualche volta bianche, che non appariranno mai nelle vetrine delle librerie e che sembrano non destinati alla vendita. Sono i libri di poesia, e precisamente quelli dei nuovi poeti, che li stampano a loro spese. Una volta entrati in circolazione – pensano gli autori – quei libretti faranno breccia e finiranno con l'imporre la presenza di un nuovo poeta. Invece questo non avviene mai, e il nuovo poeta, quando c'è, esce da altre fornaci. Ma ogni anno si stampano sempre centinaia di quei libretti, che non si sa dove finiscano.

C'è, dunque, una produzione poetica che è fine a se stessa, che non mira che a soddisfare l'autore, a dargli l'illusione d'essere "pubblicato". Come un proprietario di cave, che non avendo clienti, scavi lo stesso il suo pietrame o la sua sabbia, perché una cava è una cava solo in quanto se ne estragga qualcosa.

De Nerval, diceva: «Non ho mai fatto della politica, ho sempre fatto dell'opposizione», riconoscendo che l'opposizione preconcetta non è politica, ma anarchia.

Aristone di Chio, detto "Sirena" per la sua facondia, filosofo stoico del tempo della prima guerra punica (264 a. C.), contemporaneo di Epicuro e allievo di Zenone, scrisse: "I giovani che escono dalle scuole dei filosofi, e che trovano da ridire su tutto, somigliano ai cani appena comperati, che abbaiano non solo agli estranei, ma anche alla gente di casa".

La legge considera giochi d'azzardo tutti i giochi, di carte e non di carte, il cui esito dipenda in tutto o in parte dalla sorte. Vi sono poi delle norme di Pubblica Sicurezza che danno un elenco preciso dei giochi d'azzardo, il quale deve essere esposto nei locali pubblici. La "scala quaranta", ad esempio, è fra i giochi proibiti. Ma l'elenco è stato compilato da incompetenti, perché tutti i giochi, quando vi sia impegnata una posta, sono d'azzardo, in quanto l'esito dipende sempre, almeno in parte, dalla sorte. Se lo Stato vuole impedire il gioco d'azzardo deve quindi cominciare col proibire la fabbricazione e la vendita delle carte da gioco, dei dadi e di tutti gli strumenti tradizionalmente adibiti al gioco, cioè *roulettes* familiari, tombole ecc. Ma la legge non ha mai perseguito a fondo il gioco, perché è un vizio insopprimibile. Si limita a regolarlo, a contenerlo e nello stesso tempo a sfruttarlo, con le lotterie, il lotto e le case da gioco. Le sorprese nei caffè, quando la polizia non è indotta a farle a seguito dell'intervento di qualche moglie di giocatore ostinato (e perdente), sono rare e servono soltanto, di tempo in tempo, a ricordare ai cittadini che se vogliono gettar via del denaro ci sono i casinò, il Banco lotto, le corse dei cavalli e le varie lotterie, organi attraverso i quali lo Stato preleva grosse tangenti. Anche sulle carte da gioco lo Stato impone una tassa di bollo, tanto per sottolineare la sua presenza in ogni luogo, pubblico o privato, dove il vizio afferma i suoi diritti. Ma là dove lo Stato intasca una tassa, vuol dire che è d'accordo sull'uso, quindi potrebbe essere incostituzionale la tabella dei giochi proibiti.

Flaiano, di un anziano che simulava gli interessi dei giovani e si dava l'aria di condividerne gli atteggiamenti protestatari, scrisse: "Un cretino di ieri con i pregiudizi di domani".

La figura del ladro gentiluomo non è del tutto scomparsa. Due coniugi che abitano soli in una villetta vicino a casa mia e che pochi giorni fa hanno subito il furto della loro automobile posteggiata davanti al cancello, hanno trovato l'auto il giorno dopo allo stesso posto, con un mazzo di rose e una lettera sul sedile. La lettera diceva: "Siamo stati costretti a servirci della vostra macchina, ma ora ve la rendiamo intatta, pregando la signora di voler accettare il nostro piccolo omaggio floreale. Non abbiamo potuto rifarvi il pieno di benzina, ma in compenso vi alleghiamo due biglietti per lo spettacolo della 'Scala' di sabato prossimo".

Non è fior di cortesia, questa? Naturalmente, quel sabato, mentre i due coniugi erano in poltrona alla "Scala", i ladri gentiluomini hanno completamente svuotato la villetta, questa volta senza lasciare né fiori né biglietti. Ma questa è un'altra storia.

Ludovico XI re di Francia, trovandosi vecchio e ammalato ma poco disposto a morire, fece ordinare preghiere per la sua salute a tutti i preti. San Francesco di Paola che lo assisteva, interrogato da lui se i preti avevano eseguito il comando, gli rispose che a tutti gli altari i sacri ministri domandavano a Dio la salute del suo corpo e quella della sua anima. «Male» disse il re «perché quando si vuole una grazia non se ne debbono chiedere due.»

Scrittori, poeti, pittori e cinematografari, hanno scoperto da qualche anno un filone redditizio: la dissacrazione. Molti sono convinti che oggi basta dissacrare per farsi una posizione. Dissacrare, vale a dire deridere, mettere in caricatura, rovesciare ciò che può essere ritenuto sacro. Ma le idee fondamentali, i principi, le essenze prime, hanno una localizzazione sconosciuta ai dissacratori. I quali, pur credendo di nominare le cose sacre e di trascinarle nel loro discorso, non parlano che di se stessi, lasciando incontaminate le entità che vorrebbero spogliare e mostrare al mondo come miti smascherati e sconfitti. Ci vuole altro che dichiararsi untori, per diffondere la peste e compiere la strage. Così, gli untori delle lettere, delle arti, del costume, nulla conseguono con le loro "abbuffate" di parole, proprio perché non è dato ad alcuno dissacrare realmente, e tanto meno a pseudo-artisti e a venditori di piccole emozioni.

Indro Montanelli, a proposito dell'incomprensibilità del linguaggio degli uomini politici italiani, dice che in Italia c'è sempre stata la mania dei linguaggi ermetici. È vero.

Basta leggere i giornali sportivi. Ogni sport ha il suo gergo, incomprensibile per i non iniziati. In quanto all'ermetismo dei politici, è il più giustificato, perché il parlamentare deve, per sopravvivere come tale, potersi nascondere al pari della seppia dentro il proprio inchiostro.

Nelle conferenze dopo le quali è previsto e richiesto un pubblico dibattito, si presentano sempre due gravi difficoltà: determinare il primo intervento e far cessare l'ultimo. Infatti nessuno vuole intervenire per primo, ma quando il ghiaccio è rotto tutti vogliono parlare e l'ultimo che ottiene la parola non si decide mai ad abbandonarla.

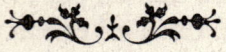

Si dice sempre, quando si parla dell'aldilà, o meglio del dopo vita, che nessuno è mai tornato a raccontare quel che vi ha trovato. Pare invece che uno sia tornato, e precisamente Gabriele d'Annunzio, il quale, il giorno dopo la morte, di notte, apparve in sogno ad una sua fedele ancella, Aelis, per dirle: «Non c'è niente! Non c'era niente!».

Un mio zio apparve anche lui in sogno a persona che gli era stata cara. Fu per chiedere una piccola correzione al testamento che aveva fatto in punto di morte. Interrogato di come si trovasse nel luogo dove era, rispose: «Così, così. Ma in fondo, non male», come se parlasse di una pensione o di un albergo di Montecatini o di Fiuggi.

Sono entrato a Gioia del Colle, dove non avevo mai messo piede in vita mia, che era l'ora di pranzo. Cercavo un ristorante, possibilmente il migliore. Svoltando a destra e poi a sinistra, lo trovai subito come se il luogo mi fosse familiare. E se non fosse stato per l'appetito che un po' mi accecava la vista, direi che il grosso borgo pugliese mi era noto: sapevo dov'era la chiesa barocca, la piazza, il corso.

Lo stesso mi accadde a Zagabria cinque anni fa. Arrivando nella parte vecchia della città ritrovai strade, bottegucce di sarti e di calzolai, scalinate, portoncini e balconi che già conoscevo senza esservi mai stato. In altri tempi, quando non si poteva avere il dubbio di aver già visto un posto in qualche film o alla televisione, avrei potuto ritenermi dotato di una misteriosa ubiquità o del potere di trasferirmi col sogno, in luoghi lontani, congeniali per qualche verso al mio gusto del mondo o alla mia fantasia.

Alexandre Dumas padre, dopo aver pubblicato il libro *Un viaggio in Svizzera*, durante una conferenza stampa disse: «Ho sempre desiderato visitare questo paese, ma non ho avuto mai abbastanza denaro per farlo. Ora, con l'onorario di questo libro, andrò in Svizzera, per vedere quanto ho sbagliato».

Chi scrive, per vocazione e per mestiere, è operatore di tale natura che gli può avvenire di narrare o descrivere in due modi diversi lo stesso fatto se ne scrive al mattino oppure alla sera, a digiuno o dopo aver mangiato. Anche il pittore non farebbe mai lo stesso quadro sullo stesso soggetto, solo che di poche ore ne differisse la esecuzione.

Si vuol dire con questo, che l'opera d'arte è la risultante di molte forze e di svariate insorgenze, e che l'artista è soltanto l'organizzatore di tali elementi. Il che risponde a una legge di natura, perché sembra certo che neppure una pianta, un fiore, un'erba, possa risultare identica spuntando non solo in terreni diversi, ma anche nello stesso luogo e a distanza anche breve di tempo.

Si è sempre detto che gli amici dei nostri amici sono nostri amici, almeno potenzialmente. Ma più certo è che i nemici dei nostri nemici siano nostri amici. Essi infatti lavorano per noi.

Ibico chiamò le spartane *fenomeridi*, vale a dire "esibitrici di cosce". Euripide e Sofocle descrivono le loro vesti, sdrucite in modo che camminando o muovendosi, le spartane mettevano in mostra a tratti, le nudità dei fianchi, delle cosce e delle gambe. Ci sono voluti, a quanto pare, dei millenni, perché tornasse quell'uso. Ma è tornato, come ogni cosa che è stata e che sarà.

Palazzeschi è morto quest'estate a quasi novanta anni, lasciando un esempio raro al mondo letterario e non solo a quello italiano. Egli riuscì a rovesciare l'immagine del letterato sempre ligio a qualche potere, politico o religioso. Visse e scrisse in piena libertà e indipendenza. Non si legò neppure ai movimenti letterari che traversarono il suo tempo. Nessuno può dire di aver ricevuto da lui una raccomandazione, o di averla ottenuta, di essersi appoggiato a lui o di averlo appoggiato in qualsivoglia impresa, letteraria o d'altro genere.

Con la sua vita e col suo comportamento smentì perfino quei letterati che si dichiararono vittime del fascismo, perché sotto il fascismo imperante Palazzeschi riuscì a non mentire mai a se stesso e neppure agli altri, pur essendo avverso alla volgare dittatura mussoliniana come era naturale ad uno spirito aristocratico come il suo.

Un esempio come quello di Palazzeschi è così raro da risultare addirittura scandaloso. E infatti presto, prestissimo, di lui non si parlerà più.

Fra le corna più celebrate nella letteratura mondiale, primeggiano quelle fatte da Laura Malatesta detta Parisina a Niccolò III d'Este nel 1424-1425 in Ferrara. Furono corna così fortunate, dal punto di vista dell'utilizzazione letteraria, da superare anche quelle di Paolo e Francesca, cantate da Dante. Laura, andata sposa giovanissima a Niccolò III, signore di Ferrara, pare se la intendesse a corte col giovane Ugo, figlio di primo letto del marito e di Gigliola di Francesco da Carrara sua prima moglie, secondo il Bandello, o uno dei trecento bastardi di Niccolò, secondo altri. Scoperta la tresca, Niccolò mandò a morte la moglie, Ugo e Aldobrandino Rangone, loro supposto ruffiano. Sei anni dopo si sposò per la terza volta con Ricciarda di Tommaso di Saluzzo.

Il fatto era piuttosto comune anche a quei tempi, ma forse per l'età di Parisina, che al momento della esecuzione aveva ventun anni, o per una misteriosa legge genetica che presiede ai fatti letterari, la vicenda fornì:

1) l'argomento di una novella a Matteo Bandello;
2) di un dramma a Lope de Vega;
3) di un poema a Byron;
4) di una tragedia in versi a Gabriele d'Annunzio (musicata da Pietro Mascagni).

Vittorio Gorresio ha ricordato qualche anno fa l'incontro di Hailé Selassié con Mussolini nel 1924. Il giovane principe etiopico portava allora il titolo di Ras Tafari, in attesa di salire al trono sul quale sedeva, come reggente, l'imperatrice Zaoditù.

Tra l'Italia e l'Etiopia erano in corso da tempo le trattative che dovevano portare nel 1936 alla guerra

tra i due stati, ma Mussolini, in quei giorni preoccupato per l'affare Matteotti (il cadavere del deputato socialista non era ancora stato trovato), non diede
molta importanza alla visita di Hailé Selassié che
forse considerava un negro. "Il Becco Giallo" in
quella occasione pubblicò una vignetta nella quale si
vedevano il futuro Duce e il futuro Re dei Re a
colloquio. Ras Tafari, chinandosi all'orecchio di
Mussolini gli diceva: «A me potete dirlo: ve lo siete
mangiato».

L'umorismo, o meglio il cinismo della battuta,
vale un trattato sul gusto e la mentalità dell'italiano
medio di allora e di sempre.

1975

Nel collegio dove entrai all'età di dodici anni, un collegio posto per così dire sulle rive del Lago Maggiore e dove i convittori erano tutti figli di piccoli borghesi delle zone adiacenti, erano previsti severi castighi per chi fosse sorpreso a parlare in dialetto.

I superiori avevano addirittura escogitato un sistema per reprimere ogni caduta, anche involontaria, nella nostra parlata nativa. I prefetti, quando orecchiavano anche una sola parola dialettale, mettevano subito al dito di quel collegiale che avevano sorpreso, un anellino di metallo bianco.

L'inanellato, fino al momento della cena, poteva liberarsi dell'anello passandolo a un compagno che avesse a sua volta sorpreso ad infrangere la norma. Capitava che uno qualsiasi di noi, nascondendo in tasca la mano con l'anello, interpellasse un compagno in dialetto onde indurlo a servirsi dello stesso mezzo per rispondere. Se il malcapitato abboccava, doveva lasciarsi infilare l'anello. A tavola, il prefetto chiamava davanti a sé, pubblicamente, il possessore dell'anello, se lo faceva consegnare e mandava a letto senza cena il disgraziato.

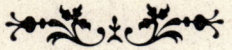

La storia della Morante non fa più scendere in lizza né critici né lettori: la gran parata sembra ormai finita, le acque si sono calmate dopo tanta fatica per agitarle. Ora si può dire che *La storia* è un libro, come l'*Ulisse* di Joyce, che molti hanno comperato e pochi hanno letto fino in fondo. L'*Ulisse* perché era troppo difficile, *La storia* perché era troppo facile: due forme della noia.

Monteviasco fu in origine un antico paese di pastori e di carbonai, e nel secolo scorso, di emigranti. È situato sopra una diramazione dell'alta Valle Veddasca, a ridosso del confine svizzero. È in provincia di Varese e ha circa 50 abitanti. Non ha strada di accesso, e per arrivarvi bisogna salire per circa 1.800 gradini irregolari, come fecero, ma forse in portantina o a dorso d'asino, San Carlo e parecchi dei suoi successori nell'Arcivescovado di Milano. Il paese non ha nulla di particolare, ma è in buona esposizione, al riparo dei venti, in un mare di verde e con la vista di un angolo del Lago Maggiore.

La storia del paese è una storia di ricotte, di piccole questioni di pascolo abusivo e di delimitazioni di proprietà. Il luogo è diventato noto proprio perché è senza strada di accesso, particolare oggi rarissimo. Una simile caratteristica ha indotto molti fanatici del silenzio e della solitudine a comperare, una catapecchia dopo l'altra, quasi tutto il villaggio, che è ormai un paese morto, nel quale sopravvivono solo i venditori del paese medesimo, pronti ad andarsene non appena arriveranno i dentisti, i ragionieri, i rappresentanti di commercio e gli industrialotti che hanno comperato le case per trasformarle in una specie di condominio dove si guarderanno in faccia alla domenica, come in città durante il resto della settimana. L'idea che sta maturando è infatti quella della funivia che sostituirà la strada e terrà lontane le automobili, ma non i profanatori.

Il povero paese, dove fiorirono e si spensero nei secoli tante umili esistenze, dove la vita tracciò il suo breve solco guidato dalla necessità, diventerà la caricatura di quelle faticate presenze umane: un villaggio turistico, un falso storico, un orpello folkloristico.

Oramai ci diamo tutti del tu per fingere un'amicizia e una confidenza alla quale potrebbe dar corpo soltanto una vera comunità di vita e affinità di pensieri. È un mezzo estremo e in fondo ingenuo per vincere la solitudine, l'estraneità e il freddo di una convivenza sempre più immotivata e priva di legami profondi.

È difficile e pericoloso dire "Lei è un fesso". Ma "Tu sei un fesso" è una battuta confidenziale, senza conseguenze. Potersi dare tranquillamente e reciprocamente del fesso: ecco una delle conquiste dei nostri tempi. Ma cosa ci è voluto per arrivarci!

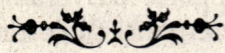

Una volta il telegramma era riservato alla comunicazione di gravi disgrazie o serviva per far accorrere al letto di un morente i figli lontani. L'arrivo del telegramma era già di per sé una disgrazia. Il telegramma veniva posato sul tavolo senza che nessuno osasse aprirlo, e c'era sempre chi piangeva in anticipo sulla sventura che era certamente annunciata in quel minuscolo plico, giallo come la faccia della morte. Di notte, la scampanellata e dal basso la voce che gridava: «Telegramma!», suscitavano nella casa un'emozione incontenibile. Prima che il più coraggioso fosse sceso a ritirare il telegramma, tutta l'atmosfera familiare era già mutata. L'orgasmo, il timore di chissà quali cambiamenti, la previsione di un viaggio e di chissà quali spese, mettevano a soqquadro la famiglia. I vicini facevano gli scongiuri e le loro vedette, ritirandosi dalla finestra, annunciavano verso l'interno: «Quelli di sotto hanno ricevuto un telegramma!».

Più tardi, quando la vita sociale acquistò maggiore disinvoltura, divenne un ingrediente nuziale. Nella casa della sposa, in anticamera, troneggiava sempre un bacile dove nel giorno delle nozze si ammucchiavano i telegrammi.

Malgrado l'abuso che ormai ne viene fatto ad ogni occasione, il telegramma è ancora una istituzione vitale. E fa ancora il suo effetto, non soltanto nei paesi, ma anche nelle città. È sempre un gesto, un segno di attenzione particolare. Non per nulla si dice in certe occasioni: «Gli mandiamo un bel telegramma...». E infatti, soltanto la lapidarietà della sua formulazione basterebbe per farlo assurgere a mezzo ideale per comunicare ordini, per dare conferme, diffide, notizie di decessi o d'altre cose definitive che non hanno bisogno di commento. Non importa che la sua tecnica ormai non appaia più misteriosa, è sempre una botta per chi lo riceve, anche se alla fine si tratta di un frasario convenzionale, più o meno stravolto dai trasmettitori.

Il telegramma è anche un potente ausiliario della bugia ufficiale. Non appena un comitato qualsiasi è costituito, subito spedisce un telegramma a un ministro o a un altro personaggio d'importanza. La prima delibera che viene presa è sempre quella di spedire un telegramma. I grandi personaggi hanno poi nel telegramma un facile e sicuro mezzo per intervenire senza scomodarsi. A mezzo del telegramma *aderiscono* a tutto. E il presidente dell'ente locale, sempre con lo stesso mezzo, ringrazia dell'adesione, esprime voti, eleva il pensiero o, a seconda dei casi, stigmatizza, segnala, depreca, plaude, inneggia, confida o auspica.

L'uomo elegante, e massimamente quello elegantissimo, *à la page*, è solitamente un imbecille. Può capitare anche ad un uomo d'ingegno di sfoggiare un capo eccezionale, un bel cappotto, un paio di scarpe smaglianti, una cravatta indovinata, ma un'eleganza costante, naturale, spesso addirittura la distinzione, è segno di vuoto interno e di quelle qualità mondane che non hanno mai contraddistinto l'intelligenza. Ecco perché i personaggi dei romanzi rosa sono sempre elegantissimi.

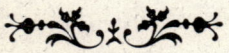

Il *Benito Cereno* di Melville tradotto da Pavese, cominciava così: "Correva l'anno 1799 e il Capitano Amasa Delano, di Duxbury nel Massachusetts, comandante di un grosso legno da foche e da carico, gettò l'ancora nel porto di Santa Maria, che è un isolotto deserto e disabitato all'estremità meridionale della lunga costa del Cile. Voleva rifornirsi d'acqua". Una traduzione più recente, quella di Ruggero Bianchi (Mursia, 1971), inizia invece a questo modo: «Nell'anno 1799, il Capitano Amasa Delano, di Duxbury nel Massachusetts, al comando di un grosso bastimento di caccia alle foche e di commercio, era all'ancora con un carico di valore nel porto naturale di Santa Maria, un'isoletta deserta e disabitata verso l'estremità meridionale della lunga costa del Cile. Aveva toccato lì per fare l'acquata».

Dove è evidente che la fedeltà e la precisione sono a scapito del risultato poetico.

Nessuno forse si è accanito contro la città di Milano, i suoi costumi e i suoi abitanti quanto il Foscolo, che concluse le sue denigrazioni con queste poche righe: "Abito da tanti anni in Milano senza amare né il paese né gli abitanti, e senza simulare di amarli. Ma fuggirò da questo paese, dove sarei seppellito coi ladri".

Coi ladri o coi biscazzieri, perché Foscolo a Milano fu tra l'altro una volta arrestato per aver giocato d'azzardo e forse di vantaggio in luogo malfamato. Non amava Milano, non amava Venezia pur essendone in qualche modo e per parte di padre originario e non amava l'Italia, nonostante le sue note impennate retoriche. Era un levantino, sempre in

cerca di donne ricche cui munger la borsa, opportunista, rivoluzionario per carpire incarichi, e militare
per beccar stipendi. Ma a Milano trovò un modesto
canonico, tal Mantovani, che in data 1 gennaio
1811 gli fece un breve ma preciso ritratto:

"Ieri l'altro certo Foscolo d'origine greca già professore a Pavia, e levato per incapacità, strapazzò
non so per qual causa in un pubblico Caffè il giovane Clerichetti che molto bene gli rispose. Chiamatisi
ambedue offesi, si sfidarono a duello. Perché fosse a
morte, il Clerichetti propose di presentare due pisto-
le, una carica l'altra no, e spararle in bocca. Foscolo
a tale proposta rispose: «Non voglio essere il carne-
fice di me stesso». Con l'interposizione degli astanti,
i due si riconciliarono.

Sono "giudice" in un paio di premi letterari e non so
se per serietà professionale o per autopunizione, esa-
mino tutti i libri che mi vengono inviati: circa 80
libri all'anno. Naturalmente, di alcuni, e in particolare delle cosiddette opere prime, mi basta leggere
una decina di pagine e anche meno per farmi
un'idea assai precisa.

Come per valutare e giudicare la qualità del vino
di una botte basta berne un bicchierino, così di un
libro si può, in certi casi, contentarsi di un assaggio:
se sa di aceto...

Un giovane autore una volta, viaggiando tra Milano e Roma, si trovò seduto per caso davanti a Giancarlo Vigorelli al quale aveva mandato il suo primo romanzo. Aveva quasi deciso di presentarsi, quando vide che il critico toglieva dalla sua valigia un libro appena apparso, lo sfogliava, lo leggiucchiava e dopo aver scosso la testa lo gettava dal finestrino. La stessa sorte ebbero, uno dopo l'altro, una decina di altre "novità".

Finalmente Vigorelli tolse dalla valigia il libro dell'autore che aveva davanti e ne lesse qualche pagina. Il giovane, trepidante, scrutava il volto del suo dirimpettaio. Quando vide che Vigorelli, dopo aver letto alcune pagine si accingeva a lanciarlo dal finestrino, lo fermò.

«Vada avanti almeno fino a pagina diciotto, quando il protagonista conosce Ermenelinda» gli disse. «Io l'ho letto e dopo pagina diciotto l'ho trovato interessantissimo.»

«No» gli rispose Vigorelli «di un libro come questo bastano tre pagine.»

E gettò il volume dal finestrino.

Nell'impero asburgico era severamente proibito agli studenti, anche a quelli delle classi superiori, di pubblicare poesie. Alcuni pensano che il divieto riflettesse una certa "passione del reale", presente nella cultura austriaca dell'epoca tra Maria Teresa e Francesco Giuseppe. Ma la ragione del provvedimento è forse più semplice, se si pensa che il divieto non era "sovrano", ma emanava dalle autorità scolastiche, tanto è vero che era sancito dal regolamento scolastico. La sua ragione è pertanto da ricercarsi nella naturale serietà del temperamento austriaco, oltre che nella preoccupazione di raggiungere una uniformità di preparazione e di formazione degli allievi, senza eccezioni clamorose, frutto di ambizioni, velleitarismi e altre forze negative che di solito spingono i giovani a pubblicare i loro parti poetici.

È la mattina d'un giovedì di fine ottobre e pare una di quelle giornate della settimana di Natale in cui la gente è presa dalla furia di comperare. Donne con tre sacchetti di plastica per mano, uomini con pacchi sotto il braccio, garzoni che corrono a far le consegne a domicilio, macchine che caricano davanti ai negozi e ai supermercati. Senza contare quelli che hanno comperato cose che non si mettono nei pacchi, come gioielli, orologi, settimane di vacanza ai tropici, crociere, biglietti di viaggio oppure indumenti che hanno indossato, come pullover, soprabiti o cappotti che il freddo precoce di questa mattina giustifica abbondantemente.

Una volta si comperava con cautela, dopo un

consiglio di famiglia e previo confronto dei prezzi presso tre o quattro fornitori. Oggi si compera per puro diletto, per passare il tempo, per provare il piacere dello spendere, del dissipare, dell'elargire, che nel passato era privilegio dei potenti. Lo *shopping* è diventato una vera e propria partita di piacere, alla quale ci si abbandona quando si viaggia, nell'illusione di trovar cose migliori altrove. È finita l'epoca della calza piena di marenghi nascosta nel materasso e anche quella del libretto di risparmio. Spendere, consumare, sono le parole d'ordine del mondo che viene avanti. Qualche cosa di simile è avvenuto nelle crisi millenaristiche ricorrenti nella storia, per cui si deve ritenere che di nuovo gli uomini credono in una imminente fine del mondo. Il che forse non è altro che la proiezione, in forma acuta o collettiva, dell'antica e sempre nuova paura di morire o di una vera rivoluzione che cambierà il mondo più di quella francese.

I travestiti, che s'incontrano nelle ore notturne nelle nostre città e in ogni parte del mondo, sono sempre esistiti ed ebbero particolare fortuna nel Settecento. A Venezia abbondavano ed erano chiamati "gnaghe". Il delatore Angelo Tamiazzo, agente segreto al servizio del Tribunale degli Inquisitori ne parla in una sua *referta*: "Riferisco a V.S. Ill.ma" scrive "il scandalo universale che viene recato da certi uomini vestiti da donna, detti volgarmente gnaghe, da' quali escono parole oscene, cosa che porta stupore e meraviglia a tutti e particolarmente che stupiscono vengono tollerati. Per lo più sono giovani di fresca età, girano la Piazza (San Marco), sotto le Procuratie, vanno alle osterie, per li casini, intervengono alle feste di ballo, e dicesi per certo che usano sodomia. Insomma a tutto il paese ed a ogni genere di persone reca maraviglia e scandalo sì li discorsi osceni, che le improprietà che fanno per la piazza. Si dice da forestieri che nemmeno in Geneuve, ch'è un paese di Calvinisti e Luteri non v'è il scandalo che reca queste gnaghe, e che vengono carcerate le donne da partito che girano, e che sarebbe meglio fossero fermate, o inibite le predette maschere che usano la sodomia. 6 febbraio 1782."

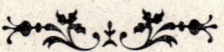

Si parla, da ogni parte, di una crisi alla quale il linguaggio, quello artistico quanto quello letterario, andrebbe incontro, perché il pensiero ha raggiunto un alto livello di complessità, o meglio perché il vivere sociale, con le sue complicazioni e contraddizioni, ha causato una saturazione della ricettività dei singoli, i quali non riescono più ad accettare né discorsi né immagini, propinati a ritmo ossessivo ed a fini estranei alla pura coscienza. La crisi del linguaggio consentirebbe, secondo alcuni, una proposta a prima vista logica: l'estetica del silenzio. Cioè la ricerca di una comunicazione profonda che non abbisogni di parole né di forme. Un bel discorso! Come se all'uomo potesse andare bene quel che va bene ai pesci e agli uccelli.

L'estetica del silenzio dovrebbe essere anteriore al linguaggio che noi pratichiamo. Non può venire dopo, come rimedio o ritorno. Perciò, anche l'estetica del silenzio finisce per non essere altro che una delle tante proposte di ritorno alle origini, di rientro nel ventre materno, nell'inespresso o nel dominio dell'istinto, il riscatto dal quale è l'impresa, felice o disgraziata, dell'*homo sapiens*.

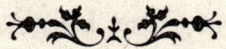

Quando cerco di spiegarmi la ragione del ritardo col quale sono arrivato alla narrativa dopo una vita che tuttavia non fu mai disattenta ai fatti letterari, e quando, scendendo più a fondo nelle domande che rivolgo a me stesso, mi chiedo perché ho scritto dei romanzi e dei racconti, mi accorgo che la mia impresa è stata un tentativo per uscire dalla solitudine parlando ad altri di me, dei miei guai e delle mie fortune. Ho scritto per avere intorno qualcuno, come quando raccontavo a voce in un piccolo cerchio di amici e anche per capire me stesso e il mondo nel quale vivevo. Altri, prima di me, avevano capito le stesse cose col mezzo della creazione artistica: avrei potuto per tempo unirmi a loro, fare gruppo, scambiare con quei miei coetanei la schiuma dell'intelligenza. Erano, alcuni, fra i migliori poeti, scrittori, artisti della mia generazione o di quelle confinanti. Ma una specie di bassa nascita, di vizio d'origine, mi ha sempre trattenuto. Al tempo in cui loro studiavano e si formavano io ero altrove, a tener testa per mio conto alle onde della vita, in anse remote. Vivevo con esseri estranei all'arte e alla letteratura, mi mescolavo con professionisti, esercenti, giocatori, gabbamondo, gente di campagna e di città, ricchi e poveri: il magma umano che traversa l'esistenza senza osservarla, senza trarne balsami o veleni letterari. Così, ho parcheggiato fin quasi a cinquant'anni in aree dominate dalla necessità, dove nulla si sublimava. Come ho già detto altra volta, con gli uomini che rappresentano l'arte e la cultura del nostro tempo ho viaggiato nello stesso treno ma in un'altra carrozza.

Allo stesso modo di chi emigra in giovane età e torna anziano al suo paese, mi sono quindi trovato tagliato fuori da un mondo che avrebbe dovuto essere mio e nel quale ero invece vissuto come in un sogno. Al pari dei vecchi emigranti ho cominciato allora a raccontare, a favoleggiare, a render conto di un continente che i letterati raramente percorrono. Ne è risultata per me una nuova solitudine. Se prima, nell'esilio dall'ambiente che doveva essere mio, pativo di solitudine, ora, anche trovando ascoltatori, patisco un'altra solitudine: quella degli anni, che si sono svuotati di speranze e si aprono ormai, uno dopo l'altro, come anticamere semibuie dove non c'è che un tavolo e una sedia per starvi, col capo appoggiato sugli avambracci, ad aspettare la vita, quella a cui si riduce chi scrive e racconta di sé e del mondo nel quale è passato. La solitudine del narratore, sospeso tra la vita e il sogno della vita, come il ragno al filo della sua tela.

Hanno ben ragione i vivi di chiamar "poveri" i morti, "i poveri morti". Infatti essi, non avendo più il corpo, e quindi i sensi, non hanno nulla. E l'anima, senza il corpo, è povera cosa, come ammette anche la Chiesa, promettendo con la fine dei tempi e col giudizio universale, la restituzione dei corpi, affinché i risorti vadano al gaudio o alla sofferenza eterna muniti di quel prezioso e insostituibile (anche nell'aldilà) strumento "d'ossa e di polpe" che pare la nostra sola e vera sostanza.

È noto che Michelangelo, in una lettera all'Ammannati, scrisse: "Nelle mie opere caco sangue". La creazione è sofferenza, anche se molti artisti o scrittori non lo dicono, per pudore o perché si rendono conto che è inutile informare il pubblico delle proprie sofferenze, sia di quelle materiali che di quelle spirituali. Ma ciò che sorprende e pare impossibile, è il fatto che creando non soffre solo l'artista che fa un capolavoro, ma anche il velleitario, artista o scrittore, che finisce col confezionare dei meschini prodotti. Come la donna, che soffre sia partorendo un genio che un cretino, qualunque creatore, anche un creatore di quisquilie, soffre e si dilania. Con una sola differenza forse: che di solito è quest'ultimo che poi si mette a descrivere le sue sofferenze.

Il ritmo di lettura di un testo è diverso per ogni lettore. Il che rende diversa un'opera da un lettore all'altro. Chi salta un periodo chi l'altro, chi legge di corsa una pagina, chi vi si sofferma, chi scorre con lo sguardo sui periodi, chi li compita parola per parola.

C'è chi legge spesso un libro, o un articolo, cominciando dalla fine. Se il finale interessa, legge tutto l'ultimo capitolo. Se tutto l'ultimo capitolo regge, legge il penultimo. Qualche volta arriva a rimontare fino all'inizio del libro o dell'articolo.

Gran Ciambellani o semplicemente Ciambellani, erano dei nobili che servivano a corte, e benché il loro titolo avesse a che fare con la panificazione, non vuol dire che quei personaggi confezionassero ciambelle, neppure per il re. In Polonia, nel '700 si chiamava *Gran Postoli*, cioè Gran Panettiere della Corona, un altissimo dignitario. Non mancarono nelle antiche corti, i *Gran Cacciatori del Re* o *Grands Veneurs* e i *Gran Maniscalchi*. I papi ebbero fino a pochi anni or sono i loro "scopatori segreti", preti spesso residenti lontano da Roma ai quali il titolo veniva dato in riconoscimento dei loro meriti e senza che avessero a maneggiare granate o spazzoloni. Nell'Amministrazione statale italiana ci fu, fino a una cinquantina d'anni fa, il sottoprefetto, che non stava, come immaginò Longanesi in una vignetta, tra le gambe del Prefetto, ma era il reggente di una sottoprefettura. Esiste ancora, nell'esercito italiano, il sottotenente, che corrisponde al *lieutenant* francese, ma in italiano luogotenente è il titolo di chi tiene il luogo, o meglio occupa il posto ed ha le responsabilità, del re in momenti particolari. Esistono, anzi prosperano e vigoreggiano nella compagine ministeriale, i *sottosegretari*, che vengono subito dopo il ministro e non sono preceduti nella gerarchia da quel *segretario* al quale sembrerebbero sottoposti. Nelle prefetture e nei ministeri sopravvivono i *capi di gabinetto*. Denominazioni curiose, sopravissute nella prassi amministrativa, ma non particolari dei nostri istituti statali, perché in Cina si chiamavano *mandarini* i governatori di provincia. Si possono ancora ricordare il *contrammiraglio*, un ufficiale che non è per nulla contro l'ammiraglio, come il *contromastro* non si oppone al mastro, ma gli sta sottoposto. L'elenco potrebbe continuare coll'*intendente di finanza*, col *provveditore agli studi*, col *conservatore delle ipoteche* ecc., e ne uscirebbe pressappoco una storia della burocrazia.

Dietro la tragica fine di P.P.P. non c'è soltanto il mondo triste e desolato dei "ragazzi di vita", ma l'indifferentismo morale corrente che è compiacimento dell'orrore, assuefazione alla repugnanza, associazione artificiosa e letteraria di sesso e sangue. Atroci idoli di una decadente mitologia, un po' freudiana e un po' hitleriana, che hanno contribuito e contribuiscono a fecondare il terreno del delitto gratuito e, per così dire, gestuale, il clima di irresponsabilità e quasi di normalità riscontrabile nella realtà di un mondo stupefatto di idioti, votati al delitto non per degenerazione o follia, ma per il semplice uso delle loro facoltà, subumane più che anormali.

All'ingresso delle autostrade si vede spesso un cartello col divieto di autostop. Ma l'autostoppismo è, più che una esigenza, una moda. Pericolosa e quindi allettante. In genere gli automobilisti che accettano sulla loro macchina dei giovani, sono persone in cerca di avventure, diremo così, galanti, siano di genere comune o "antifisiche", come si diceva nel '700. Ma proprio dal '700 ci viene il primo avvertimento contro l'autostoppismo. Ed è il Casanova a fornircelo: «Risalito in carrozza, rifiutai un passaggio che mi veniva chiesto con buona grazia da un uomo d'ottimo aspetto. Si dice che la cortesia non guasta mai: lasciamo dire! Ci sono dei momenti in cui la cortesia è fuori posto e la prudenza impone d'essere scortesi». In verità al Casanova capita quel caso a Versailles, pochi minuti dopo l'attentato di Damiens a Luigi XV. Ma l'eccezione di quel momento è la regola di oggi, per cui vale l'avvertimento del grande avventuriero.

Alivivi, alimorti, si diceva e forse si dice ancora, al mio paese e credo in tutta Italia, per dare inizio ai giochi o per farli cessare, anche solo momentaneamente. *Alea vivit, alea mortua est,* cioè il gioco vive, il gioco muore, dicevano i ragazzi in tutta Italia duemila anni fa, quando si parlava latino dalle Alpi alla Sicilia, e continuarono a dire in forme più o meno corrotte e dialettali, fino a trent'anni or sono.

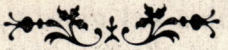

Molte volte un saggio o un'opera di critica letteraria data per sublime, per esempio *Il piacere del testo* di Roland Barthes, viene letta con impegno anche dai non iniziati, i quali tuttavia, dopo qualche pagina, disperando di trovare un senso qualsiasi in quel che leggono, vanno avanti soltanto nella speranza di trovare qua e là delle citazioni di Flaubert, Nietzsche, Proust o altri, sapendo che i più noiosi filologi e saggisti hanno almeno questo di buono: delle citazioni impensabili, rivelatrici non del loro pensiero, che non ha importanza, ma di quello che è contenuto nelle opere degli scrittori che citano.

1976

L'istruzione primaria e anche secondaria dovrebbe essere gratuita, ma non obbligatoria. E soprattutto non ci dovrebbe essere, come c'è, una sanzione penale per i padri (o chi ne fa le veci) che non ottemperano a un tale obbligo. L'istruzione gratuita può essere un diritto del cittadino, ma mai un suo obbligo. L'obbligo del servizio militare si può capire, perché è la base della difesa, quindi della indipendenza e della sovranità dello Stato, ma l'obbligo dell'istruzione no. Il cittadino ha, almeno teoricamente, il diritto di rifiutare l'insegnamento statale e di perseguirne altri o nessuno, come più gli garba o gli conviene, in vista di un perfezionamento intellettuale e morale di suo gradimento o convenienza.

Finalmente uno scrittore, Jiri Fried, un boemo nato nel 1923, ha capito e rappresentato una mania, un gusto, un *hobby*, che mi tormenta da sempre. Fried, in *Hobby*, edito da Einaudi in traduzione italiana, racconta la storia di un impiegato innamorato della calligrafia e della ricopiatura. Quante volte ho dovuto trattenermi, dopo aver copiato la prima pagina di *Eugenie Grandet*, delle *Anime morte* e il proemio del *Decameron*, dal continuare a copiare tutto il libro. Non per amore della mia calligrafia, che non mi ha mai soddisfatto, ma per sentirmi Balzac, Gogol' o Boccaccio, per introdurmi nella loro pelle, per stare in buona compagnia e soprattutto per scoprire i segreti del loro mestiere. Copiare, con voluttà, con trasporto, con devozione, ma anche per amore del segno sulla carta, del miracolo della scrittura. Arrivai al punto di sognare, e di inventare, i numeri maiuscoli. Perché, mi chiedevo fin da ragazzo, i numeri non possono essere minuscoli o maiuscoli come le lettere dell'alfabeto? È solo questione di accettare una forma, una convenzione, come quella delle lettere gotiche, corsive, tonde, minuscole o maiuscole, che si vedono sui trattati di calligrafia.

Ci sono dei viaggiatori che in treno, invece di stare al loro posto, amano sostare nei corridoi. Guardano la campagna che passa, appoggiati al tubo di metallo che taglia a metà il finestrino e si tengono spesso col sedere contro la parete del corridoio. Ogni mezzo minuto si raddrizzano e si appiattiscono per lasciar passare un altro tipo di viaggiatore: l'inquieto, che va incessantemente da una carrozza all'altra, passando come a guado sulle predelle rumorose e oscillanti dei buffetti di congiunzione. Altri viaggiatori, che godono il posto a sedere, stanno per ore con il dito nel naso, ma con l'alibi di una faccia pensierosa, quasi a dire che presi da gravi pensieri, non possono rispondere di quel che fanno le loro dita.

Altri ancora, più fastidiosi, dopo aver voltata la faccia verso il finestrino all'apparire dell'incaricato che raccoglie le prenotazioni per il vagone ristorante, aprono una valigia, tolgono un panino incartato, e nascondendolo a metà nella carta come se fosse uno stronzo, cominciano a morsicarlo con lo sguardo assente, diffondendo intorno un cattivo odore di pane raffermo e prosciutto cotto. Quando hanno finito il loro pasto, evidentemente assetati, cominciano a tirare il collo verso il corridoio in attesa del carrettino-bar o verso il finestrino, se il treno si sofferma in qualche stazione.

Il più sopportabile è il viaggiatore che dorme, quando non finisce con la testa sulla spalla del vicino e non fa gorgogliare la saliva fra le labbra.

Viaggiatore tutto da godere è anche quello che di colpo afferra una cartella o una valigetta "ventiquatt'ore", ne estrae alcuni fascicoli scritti a macchina e comincia a leggere, annotare, sottolineare, sentendosi addosso gli sguardi dei compagni di viaggio, sguardi che egli suppone pieni di considerazione per l'importanza che gli deriva da quelle carte. "Chi sarà?" dovrebbero domandarsi. "L'amministratore delegato di una banca? Il direttore d'un consorzio? Il Presidente d'una società?"

Tipico è il viaggiatore che legge libri. Assorto, estraneo a ciò che avviene nello scompartimento e anzi quasi seccato per ogni movimento o voce che gli avvenga di percepire pur leggendo, se ne sta fisso alle pagine, respirando a lungo ogni cinque minuti. Spesso per riposare l'occhio, guarda un attimo dal finestrino senza vedere nulla, poi si immerge di nuovo nelle pagine. Chi gli sta di fianco, o di fronte, tenta senza farsi capire di leggere il titolo del suo libro, ma non riesce, perché per pudore, riservatezza o semplice cattiveria, il viaggiatore che legge nasconde sempre il titolo, e se chiude il libro un momento, ne lascia in mostra il tergo e mai la copertina.

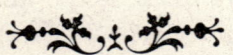

Se è vero che l'architettura ha sempre cercato di creare "il luogo d'incontro di tutti i bisogni dell'uomo nella sua vita singola e associata", c'è da chiedersi, davanti al recente volume autobiografico e autoelogiativo di Oscar Niemeyer, che luogo d'incontro siano città come Brasilia o palazzi come quelli disseminati dal noto architetto in ogni parte del mondo. L'architettura vorrebbe, ancor più delle altre arti e in forza della sua costituzionale presunzione di globalità, precorrere l'avvenire e addirittura determinarlo. Ma allora che cosa annunciano gli spazi, le superfici, le volute di cemento di Niemeyer? Un mondo di insetti, di formiche che si vedono appena, anzi che non si debbono neppure vedere su quei piani inclinati giganteschi e contro quelle immense pareti che richiamano le strutture delle dighe o di altre opere di contenimento. Quindi un'architettura non per i bisogni dell'uomo, ma per nascondere l'uomo, per dissimularlo e annullarlo. Se questo era nelle intenzioni di Niemeyer, bisogna dire che è riuscito nel suo intento.

La prima impressione davanti a una delle sue opere, è infatti quella dell'inaccessibilità. "Da che parte si entrerà?" è portato a chiedersi chi, dopo un chilometro di passettini, giunge ai piedi di una delle sue cattedrali del Nulla.

Quella "bellezza molle ad un tempo e maestosa che brilla nel sangue lombardo", come scrive il Manzoni nel suo romanzo e che forse in parte brilla ancora, brillava certo più ai tempi del Manzoni che all'epoca in cui si svolge il *Promessi Sposi*, perché era il residuo dell'occupazione spagnola della Lombardia, che nel Seicento non aveva ancora potuto agire sulle discendenze. Attraverso connubi legittimi e illegittimi, il sangue spagnolo lasciò in quello lombardo un segno di mollezza e insieme di maestà, che caratterizzò certe figure femminili alla Hayez: volti pallidi, incorniciati da capelli neri e lisci, dallo sguardo vellutato e caldo. Un tipo di bellezza totalmente nuovo in Lombardia, diverso dall'antico, consacrato dal Luini nelle sue figure femminili, anch'esse in atteggiamento di calma e quasi di abbandono, ma dai volti rosei, dai capelli biondi, dalle ciglia chiare, ferme sopra i limpidi occhi a moderare un dolce sorriso. Forse segni, nel sangue, di residuati celtici o longobardi, sui quali andò a sovrapporsi l'eredità moresca degli occupatori iberici.

La mosca, insetto tra i più conosciuti fin dall'antichità, assiduo dell'uomo e dei luoghi abitati, fu tra i primi oggetti di un mio interesse, in apparenza sostitutivo dell'impegno scolastico, ma in verità fondamentale e primario nel lungo tirocinio che intrapresi verso i dieci anni per arrivare, entro i limiti del mio fievole ingegno, a conoscere il mondo.

Fu infatti a quell'età all'incirca, che, dopo aver osservato la mosca fin dalla prima infanzia, cominciai a catturarla con lo scatto della mano e a guardarla tenendola con le dita per le ali, a mutilarla e a scomporla con l'intento di scoprire i meccanismi che le consentono il volo, la marcia veloce, l'adesione alle superfici verticali e ai soffitti, la localizzazione delle pasture e la fuga tempestiva davanti al pericolo della botta improvvisa di chi, importunato dal suo insistente solletico, tenta di scacciarla o sopprimerla.

Nell'aula della prima classe ginnasiale, dentro il collegio arcivescovile dove trascinavo i giorni, mi era capitato un posto adatto alle mie esperienze. Le larghe spalle di un compagno contadino, ripetente e invecchiato tra quei banchi, mi coprivano agli occhi dell'insegnante ma non impedivano al sole, che scendeva da un'alta finestra, di inondare la superficie legnosa sulla quale allargavo i gomiti. Dentro quel raggio di sole arrivavano le mosche. Si posavano, stendevano la proboscide fino al piano del banco, aspiravano col loro sorbitoio qualche essenza resinosa oppure qualche molecola di mastice o d'inchiostro, poi si spostavano di pochi centimetri muovendo velocemente le loro zampette a gomito, oppure prendevano inopinatamente il volo.

Mi bastava un breve scatto per sentirne una nel cavo della mano, dal quale poi la toglievo con la punta delle dita. Strumenti delle mie indagini erano diversi pennini, alcuni adattati a forma di pinzetta, altri spezzati e ridotti a foggia d'un piccolo bisturi. Mi mancava una lente di ingrandimento, ma il mio occhio miope, il più miope dei due, era un vero microscopio che mi permetteva di vedere anche i grani di polvere sul banco.

Chino sulla mosca la studiavo con passione a cominciare dalle antenne inserite fra gli occhi nella parte anteriore della testa e finendo alle sei zampine, che terminavano con piccole unghie e certi peluzzi o setole finissime e prensili.

Passavo, dopo averne osservato i grandi occhi sporgenti, al collo e poi al corsaletto, coperto da uno scudo coriaceo. Le ali, membranose, trasparenti, più lunghe dell'addome, coi loro bilancieri, mi affascinavano e finivo per staccarle dal grosso corpicciolo ed osservarle a parte, mentre la mosca, ridotta ad animale pedestre, se ne andava, come un ragno, in cerca di scampo.

Le nervature delle ali, con la quarta longitudinale ripiegata ad angolo e rivolta in alto, mi parevano un prodigio di solidità, di precisione e di leggerezza, per cui la mosca può dirsi un essere perfetto, essenziale ed autonomo più d'ogni grande animale, compreso l'uomo. Studiando la struttura delle ali, notai che la mosca può alzarsi volando, oltre che in avanti, verticalmente, obliqua a destra o a sinistra, ma che non può arretrare o rovesciare il volo. Onde basta sorprenderla di fronte e agire verso il basso col palmo aperto, per catturarla.

La mosca è tanto prossima a noi che ne sopportiamo non solo la petulanza, ma anche la pericolosità. Veicolo d'infezioni, regina delle latrine e delle mense, emblema dell'insistenza e della molestia, soggetto di favolette morali e di poesiole che educano alla sopportazione, è una delle compagnie della nostra vita, destinata forse a scomparire dal pianeta solo quando non avrà più uomini né animali da infastidire.

Ci sono scrittori di un certo nome e con in giro anche più di venticinque lettori, che non deprecano regolarmente la rovina dell'ambiente naturale, che non firmano manifesti, che non si danno a predire catastrofi o medioevi prossimi futuri. Sono dei tipi che non fremono davanti alla fine di una civiltà e alla rovina dell'arte e della bellezza, ma lavorano, scrivono, inventano, come se vivessero nel migliore dei mondi, indifferenti non solo all'inquinamento della società, ma anche a quello dell'aria e dell'acqua, forse perché sono del parere che se il mondo va come va è perché non può andare in altro modo. Arrivano perfino a non soffrire dell'insufficienza del loro mezzo espressivo e a lavorare in santa pace, convinti che nella loro opera, per modesta che sia, c'è la sostanza dell'epoca.

A quale fenomeno psichico si può attribuire la tendenza di molte persone, soprattutto giovani e ricche, ad abbigliarsi con pantaloni di tela sfilacciati e macchiati o di magliette fatte con ritagli e altri capi che solitamente costituivano il vestiario dei mendicanti? Al vezzo, infame, di sfottere i poveri.

Uno dei fenomeni dell'attuale società civile è il critico letterario, creatura che ha subito fortemente l'azione deformante di una certa mentalità contemporanea, al punto d'essersi ormai parificato agli avvocati, che s'investono della causa d'ogni nuovo cliente e ne sposano non solo gli interessi ma perfino la colpevolezza, arrivando a far corpo col difeso e correndo con lui, almeno a parole, l'alea della sentenza. Arrivano, nelle loro arringhe, ad immedesimarsi col cliente al punto da adottare nelle loro perorazioni la formula: "Noi siamo imputati di..." oppure "Ci si contesta d'aver ucciso..." il tale o il talaltro, quasi che potesse toccare ad entrambi di andare in galera e non solo al cliente. Così i critici, che salvo rare eccezioni, come occorre dire, non fanno più altro che arringhe defensionali, perorazioni o panegirici e mirano ad andare in gloria insieme al loro autore.

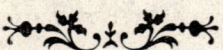

Come quel medico che scoprì i primi vaccini, il quale provava su di sé gli innesti, io sono tale scrittore che prova la vita su di sé prima di raccontarla. L'ho provata su di me in tante situazioni, in vari mestieri, in molti luoghi, in momenti di tranquillità e in epoche fortunose. I miei libri sono quindi un'immagine del mondo presa da vari punti di vista da un uomo di umile origine e di pochi studi, ma attento alla vita e testimone diretto, se non addirittura protagonista, delle sue storie. Dico "pochi studi" in rapporto a ciò che avrei voluto conoscere, perché in verità ho studiato tutta la vita, cioè ho molto riflettuto su alcuni libri fondamentali, su alcune personalità e su alcuni fatti che ho giudicato essenziali.

Fin da ragazzo ho letto e riletto il *Decameron* fermandomi per anni sulle prime novelle che scoprii in un'antologia scolastica, quella di Martellino e quella di Chichibio. In seguito mi soffermai per altri anni sulla prima del libro, quella di Ciapperello, che secondo me è la prima che il Boccaccio scrisse, con una carica narrativa che poi gli riuscì di tener viva fino all'ultimo. Il "Proemio" è una mia rilettura continua. L'"Introduzione" posso dire di saperla a memoria. Il *Decameron* mi ha occupato tanto, costringendomi a fermarmi man mano che lo leggevo, che le ultime novelle le ho lette solo qualche anno fa. Lo stesso potrei dire, o quasi, della *Vita* di Benvenuto Cellini o di altri testi minori, come per esempio del Belcari, che scoprii in giovane età e che mi attrasse per lungo tempo. Il *Satiricon* di Petronio Arbitro fu una scoperta della mia gioventù che mi accompagnò tutta la vita al pari del *Lazarillo de Tormes*. Il Bandello fu un'altra delle mie passioni. Il Manzoni è tutt'ora per me un continuo oggetto di studio e di riflessione. Mi interessò moltissimo il Nievo. Altri, di poco conto, scoperti in giovane età, mi colpirono fortemente: fra questi il De Amicis, che poi mi disgustò. Erano pur sempre imprese narrative, e mi impegnavo a correggerle e a raddrizzarle secondo il mio gusto. Ho letto con grande passione i romanzieri francesi e russi dell'Ottocento, in particolare Balzac, Flaubert, Dostoevskij e Gogol'. Poi Conrad, Stevenson e Melville. Anche Jack London.

Ma c'è stata una schiera di scrittori involontari che ho preso in considerazione durante gli anni nei quali ho lavorato nell'Amministrazione della giustizia: quella dei marescialli dei carabinieri. Ho letto migliaia di verbali nei quali uomini semplici e pieni del senso della realtà si studiavano di riferire i fatti nel modo più chiaro possibile. I marescialli dei carabinieri non facevano riflessioni né si abbandonavano a introspezioni psicologiche: riferivano puramente e semplicemente. Mi sono capitati sotto gli occhi dei piccoli capolavori di narrativa, dai quali ho imparato a raccontare vedendo nella mente i fatti come in un film e studiandomi di tradurli in parole semplici e precise.

Vittorio Emanuele III era alto un metro e cinquanta, tanto che a tale misura fu ridotto il minimo di altezza prescritto per entrare nell'esercito, altrimenti si sarebbe dovuto giudicare "riformato" il primo soldato d'Italia.

Si racconta, e pare lo raccontasse Maria Josè moglie del principe ereditario, che a Villa Savoia, dove viveva la famiglia reale, Vittorio avesse fatto accorciare di quindici centimetri le gambe di tutte le sedie (tranne la sua) della sala da pranzo per non sembrare un fungo tra le querce durante i pranzi ufficiali.

Portava tacchi di 10 centimetri e un berretto da generale alto 20 centimetri, coi quali raggiungeva un metro e settanta circa di altezza.

I pittori di nature morte hanno le loro predilezioni, forse dettate dalla "fisionomia" di certi prodotti ortofrutticoli, che sono in genere peperoni, sedani, mele, pere, arance, asparagi, funghi, cipolle, carote. Nel Seicento e in qualche caso di neoseicentisti come Bacon, si trova invece in prevalenza la carne bovina macellata. Ma non mancarono, nel Seicento, gli specialisti, come il Del Cairo, in teste mozze, sempre col pretesto del Battista o di Oloferne. Altri pittori rifuggono dai vegetali e dalla carne per limitarsi agli oggetti: vasi, pipe, bottiglie. Vicini a queste due categorie si collocano, sempre tra i naturamortisti, i pittori che dipingono solo fiori recisi.

Non c'è storico della vita del Manzoni che non gli

attribuisca come padre naturale il superluetico Giovanni Verri. Eppure, un pomeriggio d'estate del 1944, seduto a un tavolo sotto le piante davanti a un "grotto" di Mendrisio, lo storico ticinese Eligio Pometta sosteneva, parlando con Pio Ortelli e con me, che il Manzoni era figlio di un cuoco di Locarno, del quale citava il nome. Un bellissimo e aitante cuoco che lavorava in casa Manzoni a Milano e che era conteso a suon di scudi dalle amiche di Giulietta, non tanto come cuoco, ma come prestatore di più riservati servizi. Proprio nove mesi prima della nascita di Alessandro, sosteneva il Pometta, il cuoco era attivo in casa Manzoni.

Tutto può darsi, ed anche che Alessandro fosse figlio di Pietro Manzoni, suo padre legale. Non sarebbe il primo caso.

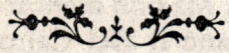

Capita di rado ormai di sentir dire che qualcuno ha perso l'onore. Anche nel caso di clamorosi arresti per atti di disonestà, nessuno parla più dell'onore. Parimenti non usa più parlare di onore come sinonimo di illibatezza delle fanciulle, di fedeltà delle spose o del corretto comportamento di un debitore.

L'onore, che occupò tanto posto nella vita e nel costume della nostra società, è quasi del tutto scomparso dalla circolazione, come certi prodotti caduti in dispregio, o semplicemente non più richiesti dai consumatori. Per esempio il tabacco da fiuto, il piegabaffi, le ghette, il monocolo, il bastone da passeggio.

Sussiste, nei codici, un intero *capo* dedicato ai delitti contro l'onore, ma serve quasi esclusivamente a chi, col pretesto dell'onore, compie ritorsioni, tenta di ottenere risarcimenti o consuma vendette. Molto uso infatti si fa di un articolo di quel *capo*, che parla della diffamazione. La diffamazione, che è l'attribuzione ad altrui di un fatto disonorevole e tale da esporre la vittima al pubblico disprezzo, è continuamente in discorso nei tribunali, particolarmente in quella sua forma che è chiamata "diffamazione a mezzo della stampa". Siamo dunque sempre nel caso delle ritorsioni o dei risarcimenti, perché nessuna diffamazione può privare chicchessia dell'onore, essendo l'onore ormai come volatilizzato e non costituendo più patrimonio morale, in quanto nessuno ha più un vero danno dalla attribuzione di prevaricazioni, appropriazioni indebite, azioni truffaldine, mancanze di parola o comportamenti genericamente riprovevoli.

"Voglio indietro il mio onore!" o "Mi ha toccata nell'onore" erano le frasi che si udivano nelle sale d'udienza delle preture, quando comparivano imputati e parti lese nei processi per ingiurie e diffamazione, una volta frequentissimi e oggi sempre più rari, proprio perché l'onore non è più quella merce gelosamente custodita, quel patrimonio ideale che una volta veniva capitalizzato e messo a frutto come una merce preziosa.

Un altro segno della scomparsa dell'onore così inteso è la fine del duello. Non ne avvengono più, né all'arma bianca né alla pistola. Se vi è un articolo del codice caduto in disuso è proprio quello che riguarda il duello e che puniva non solo i duellanti, ma i testimoni, i padrini e perfino il medico che vi assisteva.

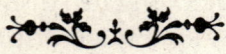

Una volta chi comperava una giacca, una pentola o un qualsiasi oggetto, mercanteggiava col venditore, intavolava una discussione, dava luogo a una schermaglia nella quale aveva la meglio il più abile o il più intelligente dei due. Era un lusso, il vendere e il comperare, a disposizione della povera gente. Coi "prezzi fissi" e coi supermercati i poveri sono stati defraudati di un esercizio nel quale dimenticavano la loro condizione. Ora il mercanteggiare è limitato alle grosse partite e alle trattative politiche. Si negoziano soltanto forniture di materie prime o trattati internazionali. L'impoverimento dei rapporti umani, con la fine del tira e molla fra venditori e compratori ha compiuto un altro passo in avanti. Frasi del tipo: "Come è vero Dio ci rimetto" o "Non le do un soldo di più", sono scomparse dall'uso. Il "servitevi da soli" non è un invito, ma un segno di disprezzo, come il termine *consumatore*.

Secondo Eraldo Miscia il parlare sporco è, per i giovani, un segno di anticonformismo e di contestazione. Penso che, invece, sia soprattutto un segno di insicurezza, di debolezza e di pusillanimità. Molti giovani accedono al turpiloquio per sembrare forti, sprezzanti, capaci di dire le cose come sono, ma in verità per mascherare la loro scarsa energia, la loro poca fantasia e la loro incapacità a possedere il mondo. Vi è anche, nel turpiloquio dei giovani, un'inconscia paura delle cose stesse che essi nominano senza veli. Gli organi il cui nome usano come semplice interiezione o esclamazione, si sono presentati alla loro vita e alla loro esperienza con tutta la perentorietà delle funzioni cui sono destinati. O metterli debitamente in opera o detronizzarli. Ed ecco che col destinarli a diventar parola, immagine, esibizione verbale, si pensa di averli destituiti da ogni loro naturale imperio. I forti, i sicuri di sé, i padroni della realtà, possono far a meno di evocare fantasmi oppure di trasformare in fantasma o emblema la loro dotazione anatomica.

Dalle pagine di Gabriele d'Annunzio, così cariche di sapori, afrori, colori e suoni, esala spesso l'odore della morte, che per il poeta è un profumo, quasi il risvolto o la sublimazione della sua sessualità. Il folklore mussoliniano ne dedusse un armamentario funebre, fiorito di teschi, fiamme e camicie nere con contorno di riti altrettanto mortuari come il famoso appello: «Camerata Tal dei Tali!», al quale il coro degli accompagnatori rispondeva: «Presente», e che diede luogo, nel ventennio nero, al romanesco improperio malaugurante: «Te possano chiamà presente».

Alessandro Knipps-Macoppe (1662-1743), medico e professore di medicina a Padova ai tempi del Casanova (che fu da lui guarito), quando visitava un malato grave gli diceva: «Amico, state allegro, ché se non è arrivata la vostra ultima ora vi guarirò».

In tempi di regresso intellettuale e morale, ha sempre successo l'astrologia. Molti settimanali infatti, e perfino alcuni quotidiani, hanno fra i loro collaboratori fissi l'astrologo, con tanto di rubrica. Jean-

Sylvain Bailly, grande storico settecentesco dell'astronomia, scriveva: "L'astrologia, figlia dell'astronomia, è la figlia pazza d'una madre savia. Essa cresce e si estende in mezzo all'ignoranza da cinque secoli. Ma i successi non passano che per rinascere continuamente, come tutti gli errori che lusingano le passioni. L'inquietudine di conoscere l'avvenire precipiterà sempre i deboli nell'astrologia. Il savio si limiterà a contentarsi del presente e riguarderà come un male inutile la prescienza".

Infatti il Bailly, deputato del Terzo Stato, presidente dell'Assemblea Nazionale e primo Sindaco di Parigi, finì sotto la ghigliottina nel 1793 senza aver avuto il dispiacere di conoscere in anticipo la sua sorte.

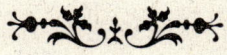

"Non so perché" scrive Clericetti nel suo recente *Soprappensieri* (Rusconi) "ho sempre pensato che gli orologi svizzeri della Svizzera italiana siano un po' meno esatti."

1977

Il nuovo borghese ama Brecht, conosce i Vergottini, porta i *jeans* anche se ha passato i cinquant'anni, è di sinistra almeno a parole, si lascia crescere i capelli sul collo, soffre per il Terzo mondo, legge l'"Espresso" o "La Repubblica".

Maometto doveva essere uomo di spirito, se è vero che un giorno, stando appoggiato a un davanzale e vedendo che il gatto gli si era addormentato sulla manica, si tagliò con una forbice lo sbuffo per non svegliare l'animale.

Cristo invece non ha mai un tratto di spirito, non gli esce mai di bocca un'arguzia, una battuta divertente. Era duro, cupo, irascibile, come dimostra la sua sfuriata contro i mercanti nel tempio. Una specie di Mazzini, che non rideva mai. Avesse fatto uno scherzo a qualche apostolo, a qualche demonio, ci sembrerebbe più umano. Possibile che Dio non sappia sorridere?

In quella preziosa mappa che è il libro di Domenico Porzio intitolato *Primi piani* c'è fra i vari personaggi intervistati dall'affabile e pensoso autore, anche quella intervistatrice mostruosa che risponde al nome di Oriana Fallaci. Il Porzio, nel suo ritratto, trovandosi a dover assegnare un sesso preciso all'intervistata, conia un nuovo termine, *uoma*, forse destinato a restare tra i neologismi del nostro tempo.

Capita talvolta, andando in treno da Milano a Roma, di veder l'Italia bagnata sotto le piogge e di immaginarla bagnata anche da Roma in giù, inzuppata da cima a fondo, con i fiumi in piena, a cominciare dal Lambro fino all'Ombrone, all'Aniene, al Tevere, al Volturno e a qualche ignoto torrente della Calabria, che poi dirromperà dall'alta Sila, fra strette e dirupi, portando rovina nei coltivi e negli abitati, facendo accorrere ministri, provocando telegrammi e imposte aggiuntive che dureranno nei secoli. Un'Italia dilavata come un cencio e per di più immersa nel mare, avvolta in un assedio d'acque dal quale pare non possa più riemergere. Limacciosa e giallastra, coi tetti scuri e gli asfalti violacei, appare allora in tutta la sua povertà, preda d'alluvioni e nubifragi che a poco a poco la smangiano e pare vogliano cancellarla dal mondo nonostante chiese, campanili, palazzi, monumenti, torri, castelli, fabbriche e muraglioni: quei grandi muraglioni intorno ad ogni città, ad ogni villa, ad ogni casa e perfino a perimetro di campi e di poderi, segno di accanito possesso, di lunga insicurezza e di sempre insufficiente difesa. Non si pensa, vedendola bagnata, che dopo pochi giorni di sole sarà un seccume screpolato, una lisca di pesce, la spina dorsale d'uno scheletro. Una misera Italia continuamente rivestita e spogliata, il più del tempo nuda come un verme, nient'altro che un ponte proteso dal continente europeo verso la sponda africana, spezzato in qualche epoca remota e rimasto, male abbozzato e corroso, a segnare un percorso tra i due continenti, forse interrotto prima ancora di venir praticato.

La sua storia, secondo i geologi, è recente, il suo destino, secondo gli astrologi, segnato.

È un giardino di delizie, un nido d'insidie, la madre delle biade, la culla delle arti, la terra del vino, la patria dei poeti, dei navigatori, dei santi e degli eroi, di Arlecchino e Pulcinella, di artisti e di guerrieri, campo di fatica e di pena, teatro di lotte e di tragedie più d'ogni altra parte del mondo abitato.

La percorrono per il lungo i treni, le macchine,

gli aerei, la costeggiano le navi. Da mille finestrini in movimento la guardano italiani e stranieri che vanno e vengono da Roma, quasi che Roma fosse il punto nel quale la sua crosta si apre per mostrarne il cuore, o meglio il nodo centrale dal quale partono fili invisibili che la tengono insieme per altri giorni, miracolosamente, benché Venezia minacci di cadere in polvere nella sua laguna e pericolino l'Arco di Costantino, la Torre di Pisa e il Duomo di Milano, quasi a segno d'un imminente cataclisma che la manderà tutta in frantumi. E sarà l'acqua a distruggerla, l'acqua di cui manca nelle condutture e abbonda nei nubifragi, l'acqua nella quale versa i suoi veleni e le sue immondizie.

"Povera figlia dei monti, povera madre dei fiumi", ritufferà le sue crete nel mare, disfacendosi come un biscotto nel latte.

"Sono un grande favolista che invece degli animali prende se stesso come interlocutore", dice Restif de la Bretonne. E vuol dire che non traspone, non allude, non parla per allegorie, ma direttamente, e quindi di sé, come dell'esemplare d'uomo che gli è più noto e del quale può disporre in ogni momento.

Una verità evidente, ovvia, palmare, che non ha alcun bisogno d'essere dimostrata, è *lapalissiana*, come si dice dal nome del capitano francese Giacomo Chabannes, signore de la Palice o Lapalisse, morto nel 1525 alla battaglia di Pavia e del quale i soldati cantarono la gloriosa morte coi celebri versi:

> *Un quart d'heure avant sa mort*
> *il était encore en vie...*

Si pensa che i soldati, con quella ingenuità, intendessero dire che il Lapalisse combatté fino all'ultimo, oppure che volessero esprimere il loro stupore davanti alla improvvisa morte di un uomo che sembrava invulnerabile. Accade sempre, alla notizia inattesa di un decesso, che qualcuno, con l'aria di dire cosa incredibile, affermi che solo il giorno prima il morto aveva telefonato, aveva scritto una cartolina oppure era stato a tavola con gli amici, parlato di questo o di quello, come se non fosse più che possibile passare in un istante da vita a morte.

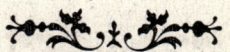

I ladri talvolta sono geniali. Ricordo d'aver sentito dire che alla Fiera di Milano i sorveglianti, alcuni anni fa, vedendo un operaio che ogni sera usciva con una carretta a mano coperta da un telo, ispezionavano il carico, senza trovare nulla. A Fiera finita, un sorvegliante, trovando quell'operaio, lo fermò e gli disse: «Cosa rubavi, ogni giorno, alla Fiera? Ora puoi dirmelo, perché tanto non sono più sorvegliante». «Le carrette» gli rispose l'operaio. «Ogni giorno prendevo una carretta e la coprivo con un telo o un sacco vuoto per distogliere la vostra attenzione. Poi andavo a venderle ai renaioli del Naviglio.»

Sfarzesco o *sfarzesca*, una parola fino ad oggi inesistente, potrebbe entrare fra i neologismi di quest'epoca d'ignoranza e supponenza se venisse colta dall'orecchio di coloro che usano con voluttà *recepire* e altri balordi termini di moda. Per la storia, questa parola è stata usata per la prima volta da certo Luigi Manzi, speculatore arricchito, nel decantare una villa che si era fatta costruire in riviera. «Una casa sfarzesca» diceva. E intendeva sfarzosa e principesca insieme.

«Perché Lei, nei suoi romanzi parla sempre di fatti accaduti almeno trent'anni fa?»

È la domanda che mi fanno spesso i lettori più giovani, i quali vorrebbero trovar narrato il loro tempo. Ho sempre risposto che posso raccontare solo storie di un'epoca già ferma, raffreddata, e non storie di un tempo ancora indefinito e passibile di mutazioni e di significati oggi imprevedibili. Ma mi soccorre Flaiano con una frase di un suo postumo diario: "Abbiamo già tanta pena a vivere questa vita, che non possiamo immaginare di rappresentarla".

Il Ballinari quando era carrettiere, se ne andava una volta verso Voldomino seduto in testa al suo carro con un amico, discorrendo di una partita a scopa del giorno prima e del perché alla seconda mano era stato giocato un fante invece di un asso. Sapeva che il cavallo, arrivato alle prime case, svoltava da solo verso la cascina, infilando una "cavedagna". Per imboccarla bene facendo fare la curva a tutto il carro, il cavallo doveva piegare a destra al punto giusto, né un metro più né un metro meno. Il Ballinari, pur parlando con l'amico, si accorse che il cavallo stava oltrepassando il centro dell'incrocio.

Gridò: «Joeu», ma il cavallo aveva ormai fatto due passi in più.

Era la prima volta che il Ballinari doveva intervenire, e credette il caso di scendere. Andò davanti al cavallo e gli disse: «Quando dico "joeu" è "joeu"!».

«Avessi visto» diceva poi il Ballinari raccontandomi il fatto «come è rimasto il cavallo!»

La moda di correre alle isole dell'Oceano Indiano o a quelle del Pacifico, così gradita alla nuova borghesia, è il risultato d'una noia subcosciente, l'effetto di una povertà spirituale che induce ad andare sempre più lontano nell'illusione di scampare alla mediocrità. Conoscere la propria città, la propria provincia, sembra banale.

Ormai, nei salotti, si parla degli antipodi come una volta si parlava dei vicini di casa.

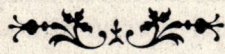

Una volta, prima dell'avvento della plastica, sulle rive dei laghi si trovavano, tra i ciottoli, dei vetri colorati, verdi, gialli, rossi o turchini. Erano cocci di bottiglie, di flaconcini o di boccette finiti nel lago e che le onde, nei giorni di burrasca, infrangevano contro i sassi. Sulla bàttima, smossi continuamente insieme ai ciottoli, quei cocci perdevano il taglio e diventavano innocui giocattoli. I ragazzi li mettevano all'occhio per vedere il paesaggio d'un colore solo, tutto verde o tutto azzurro.

Confesso: sono stato l'anno scorso alla Fiera del libro di Francoforte dove, si dice, uno scrittore non dovrebbe mai farsi vedere.

Potrei dimostrare d'essere andato a Francoforte per comperare un apparecchietto tagliaunghie che si trova solo in un negozio della Kaiserstrasse, ma nessuno mi crederebbe, anche perché ho avuto la debolezza, dopo l'acquisto dell'apparecchietto, di mettere il naso nei padiglioni della Fiera dove sono stato visto dai maggiori esponenti delle case editrici italiane.

Un autore alla Fiera di Francoforte è come dire una lepre in cucina.

Quando ci si meraviglia della straordinaria prontezza e della eccezionale memoria di qualcuno dei personaggi che appaiono nei quiz televisivi, non si tiene presente che la memoria così detta visiva, come il calcolo mnemonico, è generalmente una prerogativa degli individui con un livello d'intelligenza inferiore alla media, i quali possono avere "capacità quasi prodigiose di calcolo aritmetico e talora di cognizioni matematiche". Secondo alcuni studiosi come M. Scherer, E. Rothmann e K. Goldstein, in tali soggetti "si riscontra una capacità di astrazione molto bassa unita all'esercizio abnorme di alcune funzioni non danneggiate".

L'ammirazione per tali fenomeni, oggi offerti al pubblico come in altri tempi i nani, i giganti e altri cosiddetti mostri di natura, dovrà quindi venir ridimensionata.

Gli ebrei, nella Sinagoga e durante i riti, tengono il cappello in testa per rispetto verso il Signore. I cristiani, in chiesa, se lo tolgono per la stessa ragione, ma solo gli uomini, perché le donne hanno l'obbligo di coprirsi, magari con un fazzoletto e solo simbolicamente. I *grandi* di Spagna avevano facoltà di stare col cappello in testa davanti al re. I militari non debbono mai scoprirsi il capo, neppure davanti a un generale. Durante il fascismo, al passaggio dei funerali era d'obbligo il saluto romano. Un droghiere dell'epoca fascista, trovandosi sul passaggio di un funerale, si toglieva il cappello, si faceva il segno della croce poi stendeva il braccio nel saluto romano accennando nel contempo ad un inchino verso i familiari del morto.

L'arte del salamelecco, cioè l'arte di esprimere a chi comanda la sottomissione, la fedeltà e l'ossequio, è tra le più coltivate dall'uomo.

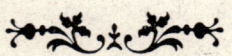

L'inverno, quando sta per andarsene, fa pietà come un vecchio al quale sia giunto l'avviso di morte. Aveva, per tre mesi, sciorinato le sue nevi e orchestrato i suoi gelidi venti, era riuscito come sempre a farsi maledire e buttar fuori dalle case, e si era dato per ripicca a gelar qualche piccolo lago e qualche ruscello sui monti, recitando da attore consumato la sua solita parte. Ma giunto alla metà di febbraio, quando sperava di star sulle spese altrui per un altro mese almeno, ecco le primule, ecco il sole e il vento del sud. E, ingannate dal primo tepore, sono volate per l'aria le farfalle.

Guido Morselli, del quale si è parlato a proposito delle sue sfortune editoriali (da vivo) e che ho conosciuto benissimo, era un uomo difficile, carico d'orgoglio, convinto di una sua superiorità intellettuale destinata a restare intangibile da parte degli organi editoriali e sdegnosa d'ogni successo. Nulla gli sarebbe spiaciuto più del mondan rumore, della popolarità. Anche se sotto sotto la desiderava, come uno che muore dalla voglia di pastasciutta o di barbera e non tocca che caviale e champagne.

Molte volte, quando mi incontrava, m'invitava ad andarlo a trovare nel suo eremo di Gavirate. «Ho un cavallo buonissimo» diceva «te lo farò provare. Ho l'uva matura. C'è una vista favolosa.»

Mai che mi parlasse di un manoscritto qualsiasi o di un romanzo. Tutt'al più parlava delle sue altissime letture. Non si sarebbe mai umiliato al punto di domandarmi un parere e tanto meno un appoggio. Anche perché non ammetteva che ci fossero in Italia degli scrittori.

Mi meraviglio nel sentire che aveva mandato dei manoscritti agli editori: era un uomo da aspettare che glieli chiedessero in ginocchio.

Ho letto che una volta, alla Mondadori, vedendo passare per un corridoio Giorgio Mondadori, suo ex compagno di scuola, si nascose dietro una porta per timore che gli chiedesse cos'era andato a fare nella casa editoriale, e che scoprendolo per un potenziale autore lo volesse facilitare o favorire. L'episodio è indicativo e rende inutile ogni altra lacrimosa spiegazione delle resistenze che trovavano i suoi manoscritti.

Occorrerebbe solo domandarsi perché certi autori diventano buoni dopo morti. Forse la loro scomparsa, col senso d'ingiustizia che ha in sé ogni morte, induce a rivedere i giudizi e le valutazioni sulla loro opera. Poter dire: «Guardate che errore. Che ingiustizia. Uno scrittore simile rifiutato!» non solo fa piacere a molti, ma serve a suscitare il "caso". E poi, come si fa a pretendere che i direttori editoriali abbiano a sentire infallibilmente le possibilità di successo di un'opera?

Il gioco del successo ha delle regole sconosciute.

Ma nel caso di Guido Morselli, è proprio vero che fu sacrificato un grande scrittore? Ora, con davanti il suo discreto successo *post mortem*, si può parlare di uno scrittore "diverso", mitteleuropeo ecc. Ma a guardar bene, quel suo manierismo superdosato di cultura, potrebbe benissimo venir rifiutato anche oggi, alla luce di un "gusto" della narrativa che gli stessi suoi attuali esaltatori hanno sempre dimostrato di avere orientato diversamente. Con questo non si vuol negare il valore dei romanzi del Morselli: un valore medio, che giustamente è stato rilevato dalla critica e anche dal pubblico, ma che non sembra tale da far gridare al miracolo.

C'erano del resto molti altri, oltre ai direttori di collane narrative, che avrebbero potuto far scoppiare il "caso" quando l'autore era vivo, sempreché fosse stato davvero, in quel momento, un "caso".

Questa ricomparsa da gran signore, che Guido Morselli ha compiuto due anni dopo la morte, resta dunque un suo pacato messaggio, un suo rendimento alla vita e alle lettere, dignitoso e spesso piacevole, ma sempre "privato", come furono la sua vita e i suoi studi, per elezione e per temperamento.

Morselli non si uccise dopo aver visto sul tavolo un plico con l'ennesimo manoscritto restituito da una casa editrice, come ho sentito dire. Tornando da un viaggio in preda a una forte malinconia o al *taedium vitae* che lo affliggeva, compì il suo gesto. Se avesse avuto qualcuno a tenergli compagnia, probabilmente avrebbe superato come chissà quante altre volte la crisi di sconforto che l'aveva preso. Depresso per la solitudine di quella sera, per il disamore in cui si sentì caduto, per la sua incapacità a legare col mondo e a viverci anche senza gloria e senza altra buona fortuna oltre la sicurezza del benessere che in verità non gli mancò mai, si licenziò dal mondo con un atto di volontà più eloquente d'ogni libro, lasciandoci il rimorso di non averlo compreso.

Felice Venosta, in un suo scritto del 1875, racconta che quando nel 1860 Giuseppe Mazzini andò a far visita al Manzoni, il loro discorso cadde, come era naturale, sulla finalmente raggiunta unità nazionale. Il Mazzini, al quale premeva di incorniciare la patente di profeta che da tanti anni andava fabbricandosi, disse: «Vede, Don Alessandro, durante un pezzo siamo stato noi due soli a credere all'unità di questa Italia. Ora possiamo dire che avevamo ragione».

Il Manzoni, che aveva capito il giro, gli rispose col suo risolino: «Il padre del nostro amico Torti, che aveva sempre freddo, cominciava a settembre a dire: Vuol nevicare! A ottobre e a novembre sentiva crescere il freddo e ripeteva: Nevica di sicuro. Finalmente a gennaio od a febbraio quando si aveva una gran nevicata, il buon Torti esclamava: L'avevo detto io che doveva nevicare!».

«Secondo il Manzoni» conclude il Venosta «l'unità d'Italia era inevitabile come il freddo d'inverno e il caldo d'estate.»

L'episodio dimostra che il Manzoni, grande ammiratore di Cavour, aveva sullo stomaco il Mazzini, il cui sogno era stato quello d'una sanguinosa rivoluzione capace di spazzare dall'Italia non solo l'Austria, ma i Borbone, il Papa e i Savoia, per dar vita a una grande repubblica della quale diventare presidente coi poteri di un monarca.

"I versi di un critico" scrisse Proust a proposito di Sainte-Beuve "rappresentano il peso sulla bilancia dell'eternità di tutta la sua opera."

Se questo è vero bisognerà fare attenzione alle poesie di Gianfranco Contini (poche, ma ce ne sono), a quelle di Giorgio Bàrberi-Squarotti e di chissà quanti altri critici contemporanei che tra un saggio e l'altro infilano di sotto mano qualche poesia in riviste o numeri unici, quasi per far capire che se volessero...

Alla voce "Carnival-nation o land of Carnival", Alfredo Panzini nel suo *Dizionario Moderno* (edizione 1935) compilato con l'intento di ottenere un "panorama storico" attraverso le mutazioni linguistiche, annota: "Epiteto già dato dagli inglesi all'Italia: nazione festaiola e celebre un tempo per i suoi carnevali. Ora le cose sono mutate".

Da buon letterato, Panzini era ligio al potere, adulatore e leccapiedi, come il suo maestro Carducci. Nominato Accademico d'Italia in riconoscimento della sua esemplare sottomissione, nelle "Avvertenze" premesse alla nuova edizione del *Dizionario*, che aveva cominciato a compilare fin dal 1906, informa, fra l'altro che "le voci che recano l'indicazione (M.) sono state comunicate al Panzini da Benito Mussolini". Il "panorama storico", come si vede, è perfetto.

Chi ha visto disegnare qualche grande artista oppure ha osservato i disegni degli antichi pittori, si è accorto che nei loro disegni non si trova mai un segno inutile. C'è solo quanto basta e non di più. Tanto che aggiungendo una linea o anche solo un trattino nelle ombreggiature, il disegno si sbilancerebbe. Lo stesso avviene per gli scrittori. Una parola in più rovina un periodo, una frase in più squilibra una pagina, una pagina in più guasta un intero libro.

Jean-Jacques Rousseau, adoratore dichiarato della sincerità, confessa tutte le sue perversioni sessuali e si pente pubblicamente di aver abbandonato i figli in un ricovero per trovatelli, ma da vero e naturale mentitore, come lo è chiunque scriva di se stesso, non dice che quei figli non erano suoi per il semplice fatto che, impotente a generare, non fu mai padre se non putativo.

Il caso è sintomatico e si presta a riproporre il discorso delle autobiografie, discorso sempre aperto e più che mai attuale anche se non sono apparse e neppure si prevedono autobiografie di contemporanei che si possano confrontare a quelle del Cellini, dell'Alfieri, dello stesso Rousseau o di Giacomo Casanova. Ma per autobiografia si dovrebbe oramai intendere non la storia d'una vita più o meno avventurata scritta in prima persona, quanto le confessioni implicite che ogni poeta ed ogni narratore deposita nelle sue opere. Le quali di non altro si nutrono se non dei succhi autobiografici, vale a dire dell'esame e dell'accertamento di se stesso che l'autore è costretto a compiere per dotare di una certa attendibilità i suoi personaggi e del riflesso di una particolare mentalità e sensibilità che sempre è possibile rinvenire in ogni apparente invenzione o fantasia. Esempio sommo di codeste autobiografie indirette e simulate è il *Promessi Sposi* di Alessandro Manzoni, nel quale è possibile trovare tutti i problemi morali, estetici, teologici o storici che furono dell'autore, insieme alle sue manie, ai suoi vizi segreti, se pure ne ebbe, alla storia medesima della sua formazione intellettuale e spirituale.

Tempo fa mi è stato chiesto cosa pensassi della religiosità di Quasimodo, che spesso torna in discorso. Non ne so molto, oltre ciò che mi è occorso di rilevare assistendo alla sua morte e che vorrei provare a riassumere.

Alle ore 11.30 circa di un giorno di piena estate del 1968, il portiere dell'Albergo dei Cappuccini di Amalfi venne a chiamarmi sulla terrazza dove me ne stavo a guardare il mare: «Il Maestro la desidera nella sua camera».

La sera prima mi ero incontrato in quell'albergo con Salvatore Quasimodo e dopo aver cenato con lui l'avevo accompagnato, verso le dodici e mezza, fino alla soglia della sua camera che era al numero 22.

In mattinata l'avevo visto verso le dieci, poi mi ero allontanato dall'albergo per rientrare un'ora dopo.

Andai dunque al numero 22 e lo trovai disteso sul letto, in maniche di camicia. Lamentava un dolore fortissimo alla nuca.

Non starò a ripetere quel poco che accadde in quelle due ore di vita che gli restavano, e che ho già scritto, un paio di giorni dopo la sua morte, per il "Corriere d'Informazione". Ma mi pare sia il caso di precisare che tra le varie cose che gli vennero in mente in quei momenti, non ci fu neppure un segno che alludesse al desiderio di avere la presenza di un sacerdote o che indicasse una pur minima preoccupazione per ciò che si dice l'anima. Morì da pagano, nella più assoluta indifferenza per un qualsiasi aldilà.

E non è a dire che non sapesse di trapassare, perché stabilì egli stesso e per primo la più precisa diagnosi del male che lo colpiva: «Sto facendo» disse «la fine di Birolli. Questa è l'emorragia cerebrale». E infatti aveva in corso una irreparabile trombosi.

Le altre sue parole furono delle pure e semplici constatazioni del rapido andamento del suo male, inframmezzate da qualche vaniloquio.

Quando, chiamato dal dottor Jovine che gli aveva prestato le prime cure, sopravvenne il prof. Canger, neurologo, Quasimodo era già in coma. E in stato di completa incoscienza fu trasportato a Napoli, sopra un'automobile, trafitto dal sole di un pomeriggio canicolare. Si è detto che morì nell'ascensore della clinica, per intendere che nella clinica vera e propria era giunto cadavere.

Durante quell'ora in cui ebbe conoscenza e prima di perdere il contatto con la realtà, la sua mente non spaziò nel passato e neppure si occupò di ciò che era fuori della stanza. Quasi si fosse concentrata nell'umile bisogna del morire, badò a dar segno del male che procedeva e a governare la sottoposizione del suo corpo alle poche cure e servizi che gli era possibile ricevere in quel crepuscolo di vita. Non ricordò alcuno, morto o vivente, non espresse un qualsiasi rimpianto per ciò che stava lasciando e dimostrò una specie di insofferenza e disprezzo per la sorte che lo toglieva così banalmente dal mondo. Niente "campanili di Messina", niente "campane di San Simpliciano", niente S. Agostino o San Giovanni dei Vangeli letti e riletti, niente di tutto ciò che è stato scritto sulla sua religiosità esteriore. Il futuro aveva per lui, da sempre, una eco che non aveva mai voluto ascoltare:

Ciò che deve venire è qui,
e se non fosse per te, amore,
il futuro avrebbe già quell'eco
che non voglio ascoltare e che vibra
come un insetto nella terra

Ebbe, bisogna riconoscerlo, una non comune coerenza tra pensiero e vita. E se qualche volta varcò soglie di chiese o stese la mano ai poveri, fu solo per secondare la sua retorica, e nel giusto clima milanese e lombardo di quel romanticismo che premeva sotto la sua precaria "classicità" magnogreca, quando non fosse stato per superstizioso terrore della morte e della miseria o per un residuo di spagnolesco amore dell'esteriorità, lasciatogli nel sangue dagli avi, forse più andalusi o manceghi che ellenici.

Nel 1920 lo stile Liberty, che era nato negli ultimi decenni dell'Ottocento come tentativo di liberazione dalle pigrizie formali dell'età borghese, poteva considerarsi defunto. Ritenuto, per le sue contorsioni, quasi una malattia della linea, venne ripudiato e deriso. Chi si era costruita una casa o una villa Liberty, si trovò colpevole di cattivo gusto e d'insipienza, indicato come fautore di un genere d'arte viscerale, dedotta da moduli orientali filtrati attraverso reminiscenze barocche o associati agli impulsi romantici e naturalistici della "belle époque".

Caduto insieme ai fragili padiglioni delle grandi esposizioni del 1904 e del 1908, il Liberty diede gli ultimi sussulti sui palcoscenici e nei teatri di posa della nascente industria cinematografica. Nessuno rimpianse la sua morte. Altri stili, pieni di forza e di romanità, imponevano il rifiuto di ogni mollezza "floreale".

Ma al Liberty bastarono quarant'anni per depositarsi come salma e rinascere quale simbolo e ricordo di un più libero e svagato modo di vivere.

Ed ecco che proprio in questi anni diventa oggetto di una frettolosa archeologia che tenta di recuperarlo alla storia e all'esperienza dell'arte. I suoi maggiori esempi vengono illuminati dalla Cultura e raccomandati alla conservazione, nasce un antiquariato che tesaurizza *abat-jour* e portaceneri, soprammobili e cornici.

Le città che si espandono e crescono, rispettano qua e là una facciata, un portale, una cancellata segnata dai suoi caratteri. Il decrepito stile non è privo di superstiti suggestioni e talvolta contagia un profilo architettonico, ispira una soluzione decorativa, insinua un suo sperduto elemento nel rigido schema delle nuove costruzioni. In provincia, dove sopravvive nelle ville, negli alberghi, negli opifici, nelle tombe di famiglia e nelle funicolari in disarmo, l'incuria e l'indifferenza l'hanno preservato dalle riesumazioni e giace tra il verde, come il cadavere di una vecchia attrice.

Solo l'occhio di un appassionato catalogatore delle sue vestigia lo può scoprire tra i vilucchi che gli sono cresciuti intorno o allo svolto di un viale, troneggiante fantasma, guizzo opaco, calcinata ossatura. E la paziente ricerca che con l'aiuto dell'obiettivo fotografico erige l'inventario dei suoi resti, che parlano del cataclisma silenzioso che l'ha travolto e allontanato da noi, rudere, rovina, elegante maceria.

Il Liberty, ormai allineato nel famedio degli stili insieme a tanti illustri compagni, riceve così il suo estremo omaggio. Addio Liberty, addio linee, volute, macchinazioni architettoniche di un'epoca piena di slanci e di cadute, rigurgito di sentimenti, sogno di libertà.

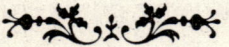

Un tale che conosco, il quale fa il bene e il male con la stessa indifferenza e forse con lo stesso piacere, viene a trovarmi perché è mio amico e da un pezzo non mi vede. Ma trova sbagliato il colore della tappezzeria, inadatta la cornice d'un quadro, fuori posto un tavolo. Prende in mano un libro appena arrivato che si intitola *I diversi*, un bel saggio d'un professore tedesco che sa molto sugli invertiti, sulle donne e sugli ebrei, e dopo avergli dato un'occhiata lo butta sul tavolo dicendo con disgusto: «Ma tu, t'interessi di queste cose?».

1978

Se mio padre o mia madre, a un certo punto della mia infanzia, mi avessero spiegato il funzionamento degli organi sessuali, li avrei disprezzati e forse odiati per tutta la vita. Per fortuna, saggi come erano, hanno lasciato a me il piacere e il dolore di questa scoperta. Le funzioni fisiologiche non si insegnano e non si tramandano se non attraverso l'istinto. Il bere, il mangiare, il defecare, il dormire, il mingere e l'altra cosa non sono comportamenti per i quali occorra una scuola, ma sono necessità alle quali provvede la natura. L'insegnamento nelle scuole o in casa dell'igiene sessuale e dei suoi corollari, è una storia per gonzi, messa in circolazione dall'industria pornografica e dagli intellettuali d'avanguardia, che sono in genere degli ammalati psichici, onanisti, esibizionisti o comunque estromettitori di schifezze.

«È domenica, piove. Che si fa?» domanda la moglie.

«Andiamo a fare un giretto in macchina» risponde il marito soffregandosi le mani.

Ma certo: per vedere di dare qualche cozzo, di venire un poco tamponati, d'investire qualche pensionato o almeno di fare un po' di coda. È così bello quando si è in coda, quell'andare avanti a metri, mentre il bambino dell'auto davanti ci fa gli sberleffi con le manine, per divertirsi anche lui. Fuori della macchina piove, ma noi siamo dentro al caldo, con la radio accesa, a fumare e a manovrare, ogni due minuti, frizione e acceleratore. Purtroppo la coda dura solo un paio d'ore e poi, in una corsa, si è già a casa ad annoiarci.

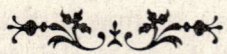

Il mondo è pieno di architetti che non hanno mai fatto una casa e neppure una sedia, di giornalisti che non hanno mai pubblicato un articolo su quotidiani, di scrittori che non hanno mai fatto gemere i torchi e di registi che non hanno mai diretto un film.

Il pittore Guido Gonzato, che era devoto di Padre Pio, mi raccontò un giorno d'aver fatto il viaggio a San Giovanni Rotondo insieme a un architetto che andava dal famoso frate per chiedergli la grazia di avere una commissione qualsiasi, perché da dieci anni che si era laureato non aveva ancora avuto un cliente. A San Giovanni Rotondo, quando l'architetto apparve sul piazzale, Padre Pio lo chiamò per nome e gli disse: «Lo so perché sei venuto e ti voglio accontentare. Appena tornerai a casa ti saranno ordinate parecchie stazioni».

L'architetto, che era proprio specializzato in costruzioni ferroviarie, credette al miracolo.

Appena tornato infatti si vide ordinare dal Curato del suo paese, ma a titolo di carità, un progetto per il rifacimento delle quattordici stazioni della Via Crucis che dentro altrettante cappelle scalcinate circondavano la chiesa parrocchiale.

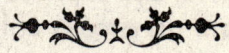

Il successo di *Porci con le ali* fu sorprendente. Un *Porcinus horca* di poco costo, di buon prezzo e di grande resa, vale a dire un'operazione editoriale andata bene senza bisogno che la critica letteraria la sostenesse neppure per due o tre mesi, un'idea giusta al momento giusto. I genitori, milioni di genitori, credettero di poter venire a sapere finalmente come erano fatti i loro incomprensibili figli. Comprarono il libro, lo lessero, ne soffrirono o ne gioirono. In fondo vennero a sapere soltanto che i loro figli erano dei porci, come loro.

Saputo che i "ragazzi" sono anche loro dei porci, cosa del resto inevitabile, perché il porco è porco da piccolo come da grande e le ali può averle ad ogni età, l'affare poté considerarsi concluso. Ma visto il successo di quel libro, si è pensato giustamente di sfruttare la pubblicità pubblicando il nuovo libro di

uno di quegli autori, una ragazza di cognome Ravera. Se la Ravera fosse stata una bellezza, sarebbe stata
scritturata per un film, se avesse avuto una buona
voce sarebbe stata portata a San Remo e avrebbe
inciso dischi. Le sarebbe capitato quel che capitava
agli eroi del "Lascia o raddoppia", che un impiego
lo trovavano sempre. Ma l'unica virtù della Ravera
pareva quella del saper scrivere, come un Pitigrilli di
terza categoria, ha detto bene Parise, ma sempre
scrivere, bene o male. Venne allora applicata alla
confezione di un libro. Era capitato perfino a un'an-
ziana signora di fare un grosso colpo con un libro
ben confezionato, nel quale si sfruttava una notorie-
tà che non era neppure di origine letteraria. Si è
avuto così la nuova opera della giovane Ravera in
proprio, sulla quale potevano gettarsi sociologi, po-
litologhi e critici letterari, per spiegare i giovani, per
cercare il luogo di nascita della nuova narrativa,
l'apparizione della stella che segnerà la strada a quella massa di giovani che continua a non esprimersi in
alcun modo, come non si espressero con *Porci con le
ali* e come non si esprimono con la Ravera, la quale
non è che un redivivo, che scopre i cartigli dei cioc-
colatini e nel fondo di un cassetto i libri di Pitigrilli,
Notari, Mariani e al massimo di Zuccoli.

Operazioni legittime d'altro canto, per nulla di-
sdicevoli e perfino utili, perché consentono, se non
di capire i giovani, di capire o di tentar di capire i
tempi.

Una volta, fino a pochi anni fa, aveva un senso anche il morire. Ora non ha più senso nemmeno il vivere. Si finge di trovarvi un senso: degli scriteriati scrivono ancora poesie o romanzi, altri annunciano nuove filosofie. Nessuno crede più, nessuno spera. Si vive, trascinati dall'appetito, dalla sete, dal sonno, giorno per giorno. Siamo un grande branco in via di estinzione, oltre il punto di minima resistenza, ormai abbandonati alla corrente che trascina le civiltà estinte. È l'ora dei microbi, dei virus, delle termiti o di altri successori dell'uomo non ancora visibili ma già presenti o impazienti.

Così dice il pessimista. Per l'ottimista invece tutto va bene e da un giorno all'altro agirà nel mondo, anzi già agisce anche se ancora nessuno se ne è accorto, una corrente di ritorno che riporterà gli uomini nel Paradiso Terrestre.

Durante la mia non studiosa adolescenza fui, tra molti altri posti, anche a Novara, dove mio padre, non so da chi consigliato e con quale criterio, mi aveva collocato all'Istituto Omar, dal quale avrei dovuto uscire dopo non so quanti anni col diploma di perito meccanico. Cosa impossibile, perché non riuscii mai a maneggiare passabilmente neppure la lima a sgrossare per compiere il primo e più elementare esercizio pratico prescritto in quella scuola, dove per andare avanti verso il diploma bisognava, nel giro di un paio di mesi, presentare il "capolavoro", il quale non era altro che una tavoletta di ferro che l'allievo doveva squadrare esattamente prima con la lima a sgrossare, poi con un'altra lima detta "bastarda" e infine con la lima a triangolo. Non superai, come ho detto, neppure il primo stadio: quello della lima a sgrossare. L'istruttore, che passava ogni giorno dal mio banco, mi chiedeva il pezzo al quale lavoravo assiduamente. Quando, toltolo dalla morsa, glielo porgevo, non toglieva neppure dal taschino della tuta il regolo a squadra per traguardare il piano della tavoletta. Gli bastava un'occhiata per capire che era gobbo.

Il mio impegno principale infatti consisteva, durante le ore d'officina, nel produrre limatura, cioè quella polvere azzurrognola, morbida e un po' attaccaticcia o meglio adesiva, dalla quale si libera, moltiplicato, l'odore del ferro. L'oro, l'argento, il piombo e in genere i metalli, non hanno odore. Ma il ferro, appena grattato e anche in verghe, ha un suo odore preciso, che gli viene forse dal carbone col quale è stato fuso e dal magma pietroso della pirite, perché è un misto di fumo, di silice e forse di anidride.

Appena avevo fatto sul bancone, a forza di limare, uno strato di quella polvere, la avviavo, con le dita, verso un buco del diametro d'un lapis, che avevo notato di fianco alla morsa e che non sapevo dove finisse. La polvere vi cadeva e scompariva. Se un giorno, mi dicevo, riuscirò a riempire il buco, magari limando alcuni quintali di ferro, la mia condanna a questo lavoro forse avrà fine.

Ero a pensione nel vicino Collegio salesiano, e poiché nessun assistente o sorvegliante accompagnava gli allievi all'Istituto Omar decisi di approfittare. Appena fuori dal Collegio deviavo verso la città, per la quale mi aggiravo fino a mezzogiorno, e dopo il pranzo che andavo a consumare in Collegio, anche nelle ore del pomeriggio. Esplorai le vecchie strade, salii sulla torre di S. Gaudenzio, giocai a biliardo nei caffè del centro, passeggiai intere giornate, immergendomi nelle nebbie che salivano dalle risaie fin dentro i portici e gli anditi del Broletto e dei suoi dintorni.

Avvicinandosi il Natale, abbandonai entrambi gli istituti e mi diedi a una specie di latitanza, nel senso che non tornai al mio paese e rimasi a Novara tutto l'inverno a far niente, ricoverato da un conoscente in una stanzuccia male ammobiliata, in fondo a una calle che si chiamava, se ben ricordo, Via Quartieri spagnoli. In quella viuzza c'era un ufficio postale, incavernato in un sottoportico, con due o tre impiegati che maneggiavano i timbri come magli, dando dei colpi così forti che al mattino mi svegliavano nella mia stanzetta al terzo piano coi tonfi sordi e a doppietta, in due suoni diversi quando battevano sul tampone e quando invece sulle carte.

Quell'ufficio postale, dove lavoravano due miei coetanei, ebbe una storia, perché uno dei due, che aveva comprato un biglietto della lotteria di Tripoli, si trovò tra gli estratti e poi in testa ai vincitori, diventando in due giorni, da avventizio con le soprammaniche di satin nero, milionario con ville e palazzi, automobili e per fidanzate contessine e baronesse. Ma è un'altra storia, da raccontare con altro fiato e in altri fogli.

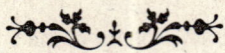

Le vecchie favole sono spesso argomento di scherzo, e di scherzo piuttosto pesante e volgare. Qualche volta, però, sono oggetto di reinterpretazioni o di battute felici, come questa del cantautore bolognese Dino Sarti, che dopo aver mimato Cappuccetto Rosso che domanda al lupo come mai ha i capelli così corti, le unghie così lunghe e i denti così sporgenti, fa rispondere al lupo camuffato da nonna: «It vgnò què par critcherum o par feret magner? Sei venuto per criticarmi o per farti mangiare?».

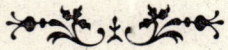

«Vuoi sapere» mi dice G.P. «qual è la ragione per cui non si fa nulla di serio contro la delinquenza? Ognuno spera che il sequestro di persona, il furto o la rapina tocchino solo agli altri. Siamo tutti come quel passeggero che, avvertito dell'imminente naufragio del bastimento sul quale era imbarcato, rispondeva: "Cosa me ne importa. Tanto il bastimento non è mio".»

Vittorio Amedeo II di Savoia chiamava i versi "mezze righe" e pensava che le poesie non fossero altro che capricci dei tipografi o dei calligrafi. In un paese destinato ad essere sempre pieno di poeti, quel Savoia è una specie di antidoto da non disprezzare.

Sul *Casanova* di Fellini i giudizi sono stati molti, negativi e positivi. Ora, a palle ferme, ripensando ai discorsi fatti con Fellini durante le riprese, alle dichiarazioni che l'illustre regista ha rilasciato ripetutamente e a tutto l'apparato di lancio del film, mi rendo conto più compiutamente dell'importanza del parto felliniano, sia nell'ambito della produzione filmistica sia nei confronti di quel personaggio storico che risponde al nome di Giacomo Casanova.

Fellini ha realizzato una volta di più la visione infernale e grottesca del mondo e della storia già evocata nel suo *Satyricon*. Si può quindi misurare meglio il passo di questo regista, che da uomo di provincia e col sussidio di una buona cultura, ha potuto pervenire ad una forza di spettacolo tale da proporsi come misura della vita e del costume, o almeno di una certa vita e di un certo costume, che è quello dell'epoca in cui viviamo. In quanto a Casanova, col quale dialogo da trenta anni e forse più, guardando lo scaffale dove conservo tutte le sue opere e quasi tutte le opere scritte su di lui, mi accorgo che il "signor Giacometto", come lo chiamava la sua umile amica Francesca Buschini, ha traversato indenne anche quest'altra nube levatasi sul suo cammino 168 anni dopo il giorno in cui ha voltato le spalle al mondo per avviarsi ai "campi eterni", se non al premio della sua splendida e disperata esistenza.

Che Fellini lo abbia stravolto, dilatato, stirato, gonfiato o svuotato per esprimere se stesso, i propri interni conflitti o l'estremo grido di un'epoca corrotta e corruttrice, non vuol dir nulla per il Cavaliere di Seingalt, che si troverà ad aver semplicemente prestato il nome e l'immagine ad un mito dell'era consumistica, così come il duca di Medinaceli offrì il materiale occorrente al mito di Don Giovanni.

Ogni epoca rilegge a modo suo il passato, cioè la storia e anche le opere letterarie delle età precedenti. Ci sono, generazione per generazione, modi diversi per leggere i grandi libri del passato, dall'*Odissea* alla *Bibbia* al *Vangelo* a Platone a Vico e perfino a Casanova. In poco più di un secolo, quante letture non ha sopportato lo stesso Manzoni. È quindi possibile che anche la lettura felliniana del grande avventuriero e della sua opera memorialistica segni una nuova interpretazione del Settecento e nello stesso tempo rifletta gli anticipi del Duemila ai quali assistiamo. E sarebbe allora, l'opera filmistica di Federico Fellini, un sincero omaggio a quelle "immortali memorie" alle quali il Casanova affidò la rappresentazione totale di un secolo dal quale ebbe inizio l'età moderna.

Non si tratta quindi di vedere come il Casanova esce dall'interpretazione felliniana, ma come è uscito il Fellini dal suo combattimento con lo spirito del Settecento, quanto ha saputo trovarvi di utile e di significativo per l'indagine della mentalità se non dell'anima contemporanea. Il Casanova resterà quello che è, con quel tanto di avanzamento per anzianità al quale ha diritto ogni personaggio ed ogni autore rappresentativo della propria epoca e addirittura specchio della umana natura, come il Casanova è certamente nell'autobiografia, nella *Storia della mia fuga dai Piombi* e nelle opere minori, nonché nelle sue lettere a una miriade di personaggi settecenteschi.

Giacomo Gerolamo Casanova, bastardo del patrizio Michele Grimani e figlio legittimo di Gaetano Giuseppe Casanova e di Giovanna Maria Farussi, nato il 2 aprile 1725 a Venezia in una casa posta in calle della Commedia, appena al di là dalla soglia di nostra vita, col dorso verso il mondo e il viso verso l'ignoto, pare sempre in ascolto delle chiacchiere del mondo. "Dicano quello che vogliono" sembra dire con un'alzata di spalle "o quello che possono. Per quanto mi riguarda, sono in regola. Ho vissuto il mio tempo in grande, dentro e fuori dalla storia, dentro e fuori me stesso. L'ho indagato e rappresentato sotto il profilo politico, scientifico e morale. Mi sono confessato in più di 4.000 fogli e in centinaia di lettere. Ho detto tutta la mia verità, sono stato un testimone del mio tempo fino alla denigrazione di me stesso quale esemplare d'epoca. Ora, che i posteri mi contestino, mi approvino, mi maledicano, mi distorcano e mi tirino in ballo a dimostrazione delle loro tesi o a scarico dei loro umori atrabiliari, non importa. È il destino di chi conta qualche cosa, di chi non ha vissuto invano"! Ed è anche il contributo che ogni vero uomo e vero scrittore deve dare alla conoscenza del mondo.

Quando penso a Giuseppe Viviani, dopo tanti anni ormai dalla sua scomparsa, tento sempre di penetrare il mistero delle sue allegrie. Viviani non ebbe mai vero motivo d'essere allegro. Le contese familiari, le invidie vere o supposte dei pisani e di mezza Italia, l'avversione di alcuni critici, i premi mancati, le Biennali che non gli davano una sala intera per la pittura, gli storici dell'arte che lo ammettevano alla gloria del secolo solo come incisore e non come pittore, la rabbia di quel suo non sapersi muovere dalla Versilia, di vedersi invecchiare senza essere acclamato come sentiva di meritare, lo tenevano in un mare di amarezze. Eppure ogni tanto gli scoppiava l'allegria. Cantava vecchie canzoni o stornelli toscani guidando spavaldamente la sua "Opel", o si metteva a tavola, in qualche osteria, con un piacere da vero buongustaio, e non da semplice affamato, benché mangiando divenisse sempre cupo e incavolato, non per pensieri o dubbi che gli traversassero la mente, ma per il timore di venir disturbato e di dover distrarre l'organismo dalla funzione grande e indispensabile della nutrizione, quasi sacra per lui, che aveva temuto sempre la fame.

Certe volte ho l'impressione che mi possano uscire di mente molti fatti della sua vita e del tempo che abbiamo passato insieme, e vorrei scrivere subito tutto, senza aspettare che il tempo cancelli, intorno ai ricordi, quella cornice di piccoli fatti nella quale si nascondono i lati più curiosi della sua personalità. Ma poi mi avvedo che non dimenticherò nulla, che tutto è sempre più vivo in me appena mi metto sulla strada di quegli anni, richiamato dal particolare d'un suo quadro o d'una sua incisione. Quadri e incisioni che ho in giro dovunque per la casa e che non vedo più, solitamente, tanto sono entrate nei muri e tante sono le altre cure che mi prendono. E a chi, d'altra parte, raccontare? Non è già tutto nelle sue opere, come per ogni vero artista? Che vale svelare, per esempio, le sue allegrie? Spesso gli venivano da un dispetto fatto a un nemico. Ma le più risonanti gli nascevano dal niente, dal sentirsi vivo e sano, dal correre con la sua "Opel" per le strade di casa, dal comparire a Livorno da "Belforte", oppure a Viareggio da "Bombetta" o dal "Buon Amico".

L'allegria, per un uomo triste e avvilito come lui, era una specie di malattia, una piccola crisi, forse uno spiraglio nel buio che si era fatto crescere intorno, il canto d'un prigioniero.

«Tu sarai il mio biografo!» mi diceva certe volte. E pensava a un agiografo, a un esaltatore del quale aveva bisogno per rifarsi degli affronti, senza pensare che la mia vena era amara come la sua e che avrei potuto scrivere solo la storia delle sue illusioni, del suo lungo errare nel groviglio d'un mondo che non gli andava bene e che cercò di volgere a suo profitto riuscendo a ricavarne poca gioia, qualche stenta allegria e un mare di lacrime rapprese nei suoi inchiostri.

Un antico pittore di poca capacità, dopo aver dipinto un San Rocco col suo cane, si accorse di aver fatto un tale pasticcio da rendere necessario un chiarimento. Scrisse allora sotto la figura più grande: "Questo è San Rocco". Sotto la più piccola scrisse: "E questo è il suo cane". Aveva inventato, senza saperlo, l'astrattismo. Ma non fu che un caso di contraddizione tra i sistemi logici e l'esperienza. Un pittore dei nostri tempi, ben più organizzato culturalmente, sotto un suo quadro tra l'astratto e il surrealista ha scritto: "Questa non è una pipa".

Meraviglioso artificio della mente umana per rendere attiva l'immaginazione, contro "la speciosità dell'esperienza retinica".

Alberto Arbasino su "La Repubblica" è tornato a rimproverare alla narrativa italiana attuale e a me in particolare, l'assenza della cronaca del giorno, o almeno dalle cronache del regime. "La tragedia italiana dura da parecchi anni... ma nella letteratura non compare ancora molto".

Riferisce Arbasino, nel calore del suo severo richiamo all'attualità, che un buon letterato d'altri tempi, vissuto in casa a Anagni o a Canossa, badando ai bambini, ai vicini, alle galline, il giorno del famoso schiaffo al papa o del celebre imperatore salito senza scarpe al castello della Contessa, non fece attenzione a quei gesti "storici", se li lasciò sfuggire. Con un'invidiabile vivezza d'immaginazione, Arbasino dice che quel giorno il buon letterato era andato a trovare la zia ammalata o a portar fiori alla nonna morta, o addirittura era rimasto in casa a fare la calza. Capite? A fare la calza mentre accadevano fatti simili, dei quali naturalmente non avrebbe scritto nulla, come l'Ariosto che andava strologando sulla pazzia di Orlando invece di badare a quello che avveniva nelle corti italiane del suo tempo, tanto che il suo signore gli chiese dove le avesse trovate tutte quelle corbellerie che aveva messo nel suo poema. O come il Tasso, che invece di occuparsi degli Estensi e di quel che facevano, riandava alle Crociate e si sbizzarriva sugli amori di Olindo e Sofronia. Per non parlare di Cervantes, che pur avendo partecipato di persona a qualche grande battaglia navale del suo tempo, scriveva di mulini a vento, di balordi e dei cavalieri erranti.

Eppure quanta ammirazione suscitano ancora quegli scrittori! E perfino quello, inventato da Arbasino, che faceva la calza. Pensate che schiaffo a quei "coglioni che possiedono il mondo" come diceva il Leopardi dei potenti: fare la calza e non alzare nemmeno la testa mentre loro rifiutano udienza a un imperatore o schiaffeggiano un pontefice!

Ho letto non so dove, che non solo questi giorni, secondo Arbasino decisivi nella storia dell'umanità, ma tutto il periodo che va dal 1945 alla fine del secolo in corso, nei libri di storia del 2500 sarà riassunto in un paio di righe: "Il mondo conobbe in quegli anni un lungo periodo di pace".

È venuta di moda da alcuni anni una formula di comodo: "letteratura d'evasione", con la quale alcuni recensori e cronisti letterari distinguono, e secondo loro bollano o castigano, buona parte della narrativa contemporanea. Ma se c'è una definizione che non definisce è proprio questa, caratteristica di un'epoca in cui gli strumenti di analisi non sono più a disposizione della critica minore e divulgativa, essendo stati sequestrati e chiusi nei laboratori di cui hanno la chiave i professori di filologia.

Al recensore improvvisato, che avendo a disposizione una rubrica può interessarsi d'ogni libro e d'ogni autore, non par vero di salire in cattedra e di sentenziare: "romanzo d'evasione", davanti a un'opera che non riesce a far entrare nel suo elementare schema critico o della quale gli sfugge il valore, nel senso che pur vedendola approvata dai lettori, non riesce a spiegarsene il successo. O più facilmente, è irritato da un successo del quale gli sfuggono le ragioni. Ha sudato tanto, ha avuto bisogno di tante raccomandazioni e magari di cambiar partito o almeno di prendere una tessera per avere quella rubrichetta, ed ecco che un tale senza altro aiuto oltre quello del vento in poppa, gli passa davanti a vele spiegate senza neppure vederlo. E allora: "romanzo d'evasione". Come se nei romanzi si dovessero trattare solo i problemi sociali e politici e il riuscir piacevole, interessante, il dar consolazione o conforto, fosse una colpa e non il privilegio e la sorte di libri come il *Decameron* per esempio, e di pressoché tutti i romanzi celebri: opere che sembrano scritte per i semplici e a fine d'evasione e d'intrattenimento, e sono invece destinate a testimoniare nel mondo il valore e il compito della letteratura, la quale certo altro non è che un'attenzione alla vita e un tentativo di verità, ma al tempo stesso la speranza di un luogo di delizie, di un giardino incantato dove non possa entrare la morte.

Quando Lucio Fontana vide correre i critici a guardare i buchi e i tagli che aveva fatto in alcuni cartoni e li aveva sentiti elucubrare intorno a quei suoi gesti d'ira contro la sfortuna che lo perseguitava, si accorse d'aver scoperto un tesoro. Da allora continuò a far buchi e tagli, sghignazzando sui critici e sulla sorte balorda che l'aveva negletto quando era un artista serio per favorirlo quando si era messo a beffeggiare il pubblico. Leggeva con interesse i saggi che uscivano su di lui e si divertiva a vedersi interpretato come "un'ultima propaggine del vitalismo", un "simbolo liberatorio" e addirittura un iniziato. Aveva schiuso un orizzonte agli inventori di teorie estetiche, i quali finirono per trovare in lui anche "una misura di realismo". Accettò il gioco dei "concetti spaziali" e si dichiarò contento di quel che trovavano nei suoi tagli, anche perché cominciava a guadagnare, ma nel profondo era amareggiato. E al suo paese di Comabbio, quando seduto in cortile parlava con qualche amico fidato, confessava che il dramma della sua vita era stato d'essere scambiato per un altro, come un Bruneri-Canella qualsiasi, uno smemorato che aveva dimenticato d'essere uno scrittore e un pittore per divertire la gente con delle follie senza senso.

"Scrivi che sono uno scrittore indipendente: indipendente dalle grosse formazioni politiche naturalmente portate all'allattamento di artisti e letterati, indipendente da chiese, clans e consorterie varie, intento solo al mio lavoro in un angolo di provincia, inchiodato dieci ore al giorno a due o tre tavoli dove lascio e riprendo uno scritto dopo l'altro, indipendente dalle teorie letterarie che vorrebbero incanalare l'invenzione oltre che il linguaggio. Potrai anche scrivere che gli unici cortei ai quali ho partecipato, sono state le processioni del Corpus Domini, della Madonna della Cintura e di quella del Carmine, al mio paese, fino all'età di dodici o tredici anni. Successivamente mi sono messo in fila solo nel caso di funerali, purtroppo frequenti, di congiunti e di amici. Essendo così fatto non ho mai, come altra volta ti dissi, firmato manifesti, petizioni, e per mia fortuna neppure suppliche a sovrani, principi, dittatori o simili, ma solo istanze quando servivo, in anni ormai lontani, nel Ministero della Giustizia. Istanze di licenza, di aspettativa, di trasferimento e infine di congedo precoce, per entrare, finalmente in stato di operatività creativa."

(da una lettera a un critico letterario)

***

Reliquie, esposte nel 1917 al Teatro alla Scala di Milano sotto il patronato della Croce Rossa Italiana per celebrare l'epopea garibaldina:

al n. 307, "Impacco amidonato che fasciò la ferita di G. Garibaldi" di proprietà del cav. Emilio Faccio di Roma;

al n. 310 "Calza di Garibaldi col foro della ferita di Aspromonte". Espositore il Comune di Roma;

al n. 311 "Stivale col foro" come sopra;

al n. 317 "Bende" come sopra. Proprietà del marchese Luigi De Felici;

al n. 458 "Bottiglia contenente vino fatto da Garibaldi a Caprera". Proprietà Biblioteca Vitt. Em. Roma.

***

La rozzezza mentale di alcuni cosiddetti politologi e di qualche giornalista ha rimesso in circolazione il concetto di laicità, del quale si fa molto abuso fin dai tempi de "Il mondo", la rivista di Mario Pannunzio alla quale Guido Piovene non volle mai collaborare, come notò acutamente Enzo Bettiza, proprio per disdegno della limitazione intellettuale implicita nel concetto di laicità, quale era concepito da quel gruppo di pretenziosi e in fondo neo-beceri collaboratori de "Il mondo" e dal loro direttore Mario Pannunzio, uno dei più grossi palloni gonfiati del dopoguerra. Gente che si credette superiore ad ogni anelito o posizione spirituale per il solo fatto d'avere escluso programmaticamente e per albagia razionalistica il momento religioso che è proprio d'ogni coscienza e che anche Piovene finì col rifiutare, ma solo dopo averlo accolto e fatto proprio in una lunga e combattuta vicenda interiore.

Esser laico in tal senso è, quindi, una menomazione, un'autocastrazione o autoriduzione, in quanto esclude il dubbio, la ricerca, quell'inquietudine agostiniana che è la ricchezza d'ogni coscienza.

Le prove offerte dal Pubblico ministero Ernest Pinard al Tribunale correzionale di Parigi nell'udienza del 7 febbraio 1857 e nel corso del processo per offese alla morale pubblica e alla religione contro Gustavo Flaubert, consistevano in alcuni brani di *Madame Bovary* come i seguenti: "Si guardarono e un supremo desiderio fece tremare le loro labbra. Mollemente, senza sforzo, le loro dita si intrecciarono". Oppure: "Egli stava dietro di lei, appoggiato con le spalle alla porta. Di tempo in tempo lei aveva dei brividi sotto il tiepido soffio delle sue narici che gli scendeva nella capigliatura".

1979

L'oscenità che caratterizza molti spettacoli cinematografici dipende esclusivamente dal pubblico. Distributori di pellicole, produttori, sceneggiatori, registi e soggettisti (rigorosamente in quest'ordine) si sono accorti che lo "spettacolo" fa cassetta, cioè che la gente riempie le sale solo se c'è da vedere amplessi ed assassinii, da sentir parolacce e colpi di pistola.

La gente forse non sa che nessuno fa un film senza essersi prima accordato con le società distributrici. Anzi, senza aver avuto da queste società un anticipo di oltre la metà del costo dell'impresa. È naturale che i distributori accordino gli anticipi solo dopo aver visto la sceneggiatura e aver constatato che vi sono tutti gli ingredienti richiesti dal loro pubblico. Ecco quindi che i produttori, i registi e gli sceneggiatori, indotti dalla "richiesta", stanno affogando i loro clienti in un mare di sangue e di escrementi.

Si racconta che Omero, andando da Scio ad Atene, si soffermò a Samo sentendosi indisposto. Mentre stava in riva al mare in attesa della guarigione, alcuni pescatori gli posero questo enigma: «Tutto ciò che abbiamo preso l'abbiamo lasciato, e abbiamo portato via tutto ciò che non abbiamo potuto prendere». Si dice che Omero sia morto di dispiacere per non aver saputo sciogliere quell'enigma che i pescatori, dopo la sua morte, spiegarono così: «Sedendo sul lido e non potendo pigliare pesce, ci siamo spidocchiati. Tutti i pidocchi che abbiamo preso, li abbiamo uccisi, quelli che non siamo riusciti a prendere, ce li siamo portati a casa». Omero, secondo questa antica diceria, morì per una simile inezia, ma aveva anche cento e otto anni.

Se la Chiesa non insegna più, come un tempo, il sacrificio, la rinuncia e l'obbedienza anche assurda ad un principio di ordine spirituale e superumano, non ha altro da insegnare, e ai suoi Ministri non resta che ridursi ad insegnare il buon uso degli organi sessuali, come fanno ormai certi religiosi che non hanno altra e migliore moneta da spendere. L'affermazione dell'uomo non si compie secondando la natura, ma andandole contro. Secondando la natura, aderendo all'istinto e alla regola fisiologica, l'uomo regredisce allo stato animale dal quale l'ha

tolto una visione della sacralità della vita, cioè
dell'immolazione dell'istinto ad una esigenza superiore di vita spirituale ed eterna. La realtà, insegna
don Chisciotte, è quella che noi vogliamo che sia,
non quella amorfa e insignificante che troviamo
nell'ordine naturale delle cose. Ma sono discorsi
d'altre epoche e d'altri uomini. Oggi è tempo di
convergenze più o meno parallele, di ecumenismo
confusionario, di accordi tra fede e scienza e di
mascherati compromessi tra religione e politica.

L'imperatore Francesco Giuseppe, una notte, cre-
dendosi vicino a morire, aveva chiamato il suo
medico, che accorse in veste da camera. Con voce
fioca il vecchio monarca guardandolo arrivare disse:
«Perché non si è messo il frack?».
  In una ripresa televisiva dei giorni precedenti uno
degli ultimi conclavi, si vide un cardinale che traversava un cortile reggendo due borse. Sembrava un
rappresentante di commercio o un attore cinemato-
grafico che dopo una parte di cardinale andava a
cambiarsi. Quel prelato ignorava qualche cosa che
Francesco Giuseppe sapeva invece benissimo. E
cioè che l'etichetta, la forma o comunque l'aspetto
esterno, non fanno di per sé un grand'uomo, ma che
quando si occupa, fosse pure per caso, un posto
eminente, bisogna assumerne non solo la responsa-

bilità morale più alta, ma anche l'immagine più nobile. Il re sedeva sul trono, che era scomodo, e si metteva in testa la corona, che pesava, per fare un piacere ai sudditi, i quali non si sarebbero sentiti giustificati nell'obbedirgli se si fosse presentato come loro, seduto in scranna e con un berretto floscio di traverso.

Gino Del Grosso, padre del pittore Amleto, fu amico di mio zio Pietro. Con lui, il barbiere Cappella, un certo Lucchini e qualche altro, facevano compagnia e passavano insieme la sera nelle osterie. All'osteria e trattoria di Virgilio, un oste brianzolo che si era impiantato a Luino perché nei pressi aveva un fratello parroco, la compagnia finiva verso mezzanotte, in silenzio davanti alle ultime mezze bottiglie di Barbera. Mia madre, che temeva sempre qualche malanotte per il fratello, non dormiva fin quando non lo vedeva arrivare all'ultima tappa di ogni sera. Verso mezzanotte, dopo essere andata cento volte alla finestra a scostar le tendine per spingere lo sguardo dentro l'osteria, dall'altra parte del cortile, vedendovi mio zio finalmente arrivato, andava a dormire tranquilla.

Dopo una ventina d'anni di quella vita mio zio morì, mentre il Gino Del Grosso sopravvisse a tutti i suoi contubernali per oltre trent'anni. Di giorno era attivo nella sua personale minuscola casa di spedizioni. Aveva la carta intestata in francese (Transports internationaux – Agence en Douane – L. Del Grosso – Luino, Italie/Locarno, Suisse), in bei fogli sul verso dei quali l'Amleto fece i suoi primi disegni.

Come l'Amleto fosse sortito pittore, non si sa. Cominciò presto a disegnare e a dipingere prendendo a modello il padre, i clienti del Caffè Clerici, il porticciolo sottostante, le strade adiacenti e qualche veduta più vasta di lago o di monti, ma sempre facendo parte della compagnia del Caffè, dov'era chiamato "Piccetto" senza alcuna allusione al suo antico collega e nostro conterraneo Giovanni Carnovali detto il Piccio. Più tardi si estrasse dal gruppo, eleggendo il nuoto a sua religione. Ogni giorno, estate e inverno, andava verso Colmegna, faceva mucchietto dei suoi panni sulla riva sassosa, poi si gettava in acqua e si spingeva con una puntata rettilinea a un centinaio di metri dalla riva. Appena uscito dall'acqua si rivestiva e tornava a casa con l'asciugamano bagnato sotto il braccio.

A casa sua, tra una nuotata e l'altra e a ogni ora del giorno o della notte, dipingeva o disegnava. Se avesse conservato tutto, di quadri ne avrebbe ora almeno tremila. Ma non mai contento di quel che faceva, ridipingeva le sue tele all'infinito, magari per anni, sovrapponendovi come in un palinsesto le varie maniere attraverso le quali passava.

Ogni quattro o cinque anni vado a trovarlo in casa sua, nella stanza dove dipinge, d'inverno al freddo, nel poco spazio lasciato libero dal materiale che ha accumulato nel locale: casse, telai, libri, carte, cavalletti, fiaschi pieni e vuoti, scarpe, qualche cappelluccio, cartelle piene di disegni, pennelli, barattoli e legname vario. Ha sempre un quadro davanti, col quale combatte, continuamente eccitato da nuove idee e dalla intuizione di soluzioni risolutive, che appena realizzate gli generano altre idee e altre soluzioni. Per cui si può dire che ha dipinto sempre lo stesso quadro.

La sua battaglia si è svolta, come tutte le battaglie decisive, militari o intellettuali, in un piccolo angolo del mondo, nel suo caso a Luino, nel nido di una amara e sorridente solitudine, senza giudici né testimoni. Perché se qualcuno tenta di prenderlo sul serio e di seguirlo nelle sue ricerche, subito gli scantona davanti con un discorso astruso che gli consente di riguadagnare il luogo remoto dei suoi pensieri, un luogo dove nessuno può vederlo combattere con gli spettri che ha sempre davanti.

Luigi Barzini, scrivendomi e fornendomi indicazioni che mi sono servite per correggere alcuni errori della mia biografia dannunziana, mi precisò fra l'altro che l'ambasciatore italiano a Washington al momento della morte di Eleonora Duse era un Caetani, principe, e non un Gaetani. «Caetani» mi scrive Barzini «è il nome di una delle più antiche famiglie romane. Gaetani è un nome qualunque. Si narra che un Gazzoni (Pasticca del Re Sole) di Bologna, famoso snob, presentato a un Caetani, chiese: 'Caetani? Col G o col C?'.

L'altro rispose: 'Gazzoni? Col G o col C?'».

Tra le somiglianze che alcuni critici benevoli hanno trovato tra la mia modesta opera narrativa e quella inarrivabile ed eccelsa del Boccaccio, somiglianze che mi guardo bene dal rifiutare o dal disconoscere, tanta è la mia reverenza e il mio debito, verso quel principe dei narratori di tutti i tempi e di tutti i luoghi, non è stata mai notata una minima e pressoché casuale coincidenza più che somiglianza, che è quella del trovar nomi acconci ai personaggi e indicativi delle loro qualità fisiche o morali.

Basterebbe, a questo effetto, leggere la novella prima dell'ottava giornata del *Decameron*, un breve racconto d'una pagina e mezza nella quale il Boccaccio riferisce la beffa fatta da un tedesco, tale Gulfardo, a una bella donna di Milano non molto onesta, che sapendolo di lei innamorato, gli si era offerta al prezzo di "fiorini dugento d'oro". Il tedesco viene indicato dal Boccaccio col nome di Gulfardo, inventato per assonanza con nomi tedeschi dello stesso tipo. Gulfardo è un tedesco di buona qualità, onesto e leale, "prode della persona" e "lealissimo renditore" nelle "prestanze de' denari che fatte gli erano", come "rade volte suole de' tedeschi avvenire". Caduto nelle reti d'amore, Gulfardo chiese alla donna di comandarlo in qualunque cosa le occorresse, pur di venire ammesso alle sue grazie. Con sua meraviglia si vide richiedere innanzitutto della massima segretezza poi, come si è detto, della somma di duecento fiorini d'oro. Andò allora dal marito della donna, Guasparruol, che era certamente un Gaspare detto alla milanese *Gasperin*, fiorentinizzato in Guasparruol, e gli chiese un prestito di duecento fiorini d'oro a giusto interesse. Ottenutolo, fece sapere alla donna di esser disposto a compensarla così come ne era stato richiesto.

Capitò, pochi giorni dopo, che Guasparruol dovesse recarsi per i suoi affari a Genova. Gulfardo, accordatosi con la "cattiva femina", andò da lei con dietro un testimone, le contò i duecento fiorini e ne ebbe il desiderato compenso, non solo per quella notte. Dice infatti il Boccaccio che la donna, "per molte altre, avanti che 'l marito tornasse da Genova, della sua persona gli sodisfece".

Appena il buon Gasperin fu di nuovo a Milano, Gulfardo lo andò a trovare sempre col testimone appresso, e gli disse che essendo sfumato l'affare per il quale gli aveva chiesto il prestito, si era fatto premura di restituirgli a mano della di lui moglie i duecento fiorini. La donna, che era presente, non poté fare altro che confermare.

Ed eccoci al nome che il Boccaccio affibbia alla donna così abilmente beffata: madonna Ambruogia

Cagastraccio. Ambruogia, perché Ambrogio è nome assai comune a Milano, Cagastraccio per dispregio e quasi a indicare la difficoltosa e addirittura dolorosa emissione dei mal ingurgitati fiorini che l'infedele moglie del Gasparin fu costretta a compiere.

"Condurre" ha tra gli altri, il significato di guidare, ma solo in certi casi, come per esempio condurre un esercito alla vittoria, condurre l'automobile, le acque mediante canali, i gas o i liquidi mediante tubazioni o "condotti". Moltissimi sono gli usi di questo verbo nella lingua italiana, comprovati dai classici e dall'uso comune, ma nel senso di coordinare un dibattito o presentare uno spettacolo è usato solo in lingua straniera e ora in quella strana lingua che la TV si va inventando con estrema povertà di fantasia e di cultura. È sembrato elegante e peregrino scrivere nei titoli: "conduce" invece di "dirige", e forse anche più democratico, meno dittatoriale, più dimesso e quindi più attuale. Ma non è che un errore, un'esibizione di esterofilia linguistica, un abuso, e soprattutto, una sciocchezza.

Basti pensar che se si può "condurre" invece di "dirigere" uno spettacolo o un dibattito, chi lo conduce non è un direttore ma un conduttore. E finora il conduttore era solo quello del tram.

Esiste, ed è inutile dire purtroppo, una gioia dei disastri. I giornali la forniscono a piene mani: aerei che precipitano carichi di viaggiatori, terremoti, inondazioni, esplosioni, deragliamenti e altro. Nulla pare più stimolante e quasi indispensabile alla voglia e al gusto di vivere, quanto la constatazione di un continuo succedersi di disastri spettacolari. Lucrezio, nel suo *De rerum natura*, dice che è dolce, soave, assistere dalla riva all'inabissarsi di una nave: non perché sia causa di gioia la fine altrui, ma per il piacere di sentirsi estranei alla sorte dei naufraghi, e di essere scampati una volta di più alla morte.

A Brno, in una piazza, tra fiancate di cattedrali e palazzi stile viennese di cent'anni fa, in un giorno luminoso di primo autunno mi sono aggirato tra le bancarelle d'un minuscolo mercato ortofrutticolo. Piccoli banchi, con un telo leggero o un ombrellone sopra, sui quali, accostati l'uno all'altro, si vedevano qui una ventina di porri bianchi e verdi con le piccole radici a testa di Medusa, là otto capi d'aglio messi in mostra come orologi, più avanti tre o quattro chili di mele, una zucca gialla, due mazzi di prezzemolo, dieci peperoni, un mucchietto di patate, dodici carote, cinque melanzane, dieci cespi di lattuga, tre cipolle degne d'un quadro di Chardin. Ogni banchetto metteva in mostra la produzione d'un contadino, o meglio del coltivatore d'un orto, uno di quei piccoli orti dietro le case di periferia che appaiono, un riquadro dopo l'altro, dal finestrino d'un treno che rallenti, avvicinandosi a una stazione intermedia come Brno, Bratislava, oppure Codogno, Voghera, Treviso.

Dietro a ogni banchetto c'era un uomo anziano o una donna, non con aria d'ortolani o di verdurai, ma di collezionisti di quei vegetali, che sembravano offerti non a dei consumatori, ma a dei pittori di nature morte o a imbalsamatori capaci di conservarli nelle loro forme e colori per ornamento di tavole oppure come trofei di Cerere. Cibarsi di quelle primizie schierate in bell'ordine sui piccoli banchi non pareva possibile, tanto sembravano astratte, assorte nella luce del mattino.

Molti di quei banchi non erano altro che carrettini a mano, sul cui piano erano state ordinate le verdure. I proprietari di quelle rarità guardavano compiaciuti i curiosi che degnavano d'attenzione i loro prodotti. Sembravano non bancarellisti di ortaggi, ma espositori di canarini ed altri uccelli esotici, contenti di far vedere più che di vendere.

D'intorno, la mattina fumava leggermente d'invisibili vapori contro sole, i vecchi palazzi brillavano in più punti e sul selciato correva un filo d'acqua.

La lingua italiana è inesorabile nelle sue regole. In un recente romanzo, alla protagonista che in un passo del libro ricorda a un amico d'essere entrata con lui in una chiesa, l'autore fa dire: «Tu volesti che entrassimo». Ineccepibile. Ma l'orecchio ne soffre e perfino le labbra che pronunciano la frase. Meglio quasi, nel suo abominio grammaticale e sintattico, il cavalier Giovanni Napolitano, negoziante di vini pugliesi che viveva al mio paese, il quale a un pranzo di addio per un piccolo funzionario trasferito altrove, volendo esprimere l'affetto di tutto il paese per il partente disse: «Se tutto Luino avrebbe saputo, tutta Luino avesse venuto».

Il 13 marzo si è spento a Milano in una clinica il poeta Bartolo Cattafi. Nato in Sicilia, a Barcellona, davanti alle Eolie, aveva cinquantadue anni e viveva tra la Sicilia, Milano e il Varesotto, nella zona misteriosa di Cimbro, fra il Ticino e le colline moreniche dove passò Annibale.

Le sue opere, apparse da Mondadori e da Scheiwiller, testimoniano il massimo impegno della sua vita avventurosa, che fu la poesia, raggiunta subito, fin dal suo primo libro, come la manifestazione di un carattere innato. Si può dire che la sua vena si mantenne sempre uguale attraverso il tempo, fin all'ultimo libro, che è del febbraio di quest'anno.

Uguale ma ricchissima, intensa e compatta come un filone d'oro puro. Le immagini della vita, le sensazioni, gli incontri, più con le cose che con gli uomini, trovano nelle sue brevi ed essenziali composizioni la loro misura esatta, inesorabile, ma piena di lacrime nascoste.

Per un certo tempo Cattafi somigliò a Hemingway. Una volta, un oste, convinto di trovarsi davanti al celebre scrittore americano che aveva fatto la fortuna dell'albergatore Cipriani, gli chiese una frase e una firma per il suo album chiamandolo signor Hemingway.

«Non sono Hemingway, lei si sbaglia: sono Bartolo Cattafi» gli ripeteva bonariamente Cattafi. Ma davanti all'insistenza dell'oste che era convinto d'essere preso in giro, scrisse una riga sull'album e si firmò Bartolo Hemingway.

Era un signore, una specie di Gattopardo giovane, dalla cui bocca non uscì mai una parola poco cortese. Non conobbe invidie, rivalità o altre bassezze tanto comuni nei poeti e nei letterati. Non chiese mai nulla a nessuno, rispettò tutti, diede sempre il passo a chi gli traversava la strada o voleva precederlo.

Non gli occorreva parlare molto. La sua faccia, piena di nobiltà e di umiltà al tempo stesso, dava conforto e serenità a guardarla. L'essergli stato amico, l'averlo avuto accanto, aver sentito da che fondo di chiarezza veniva in lui il bene della vita, non è più che un sogno.

Ecco l'ultima sua poesia:

Qualcuno ti cancelli
a mia immagine e somiglianza
ombra scompagnata
che ancora scivoli
vacillante sui muri
sperduta nelle stanze.

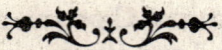

Mi capita, ogni tre o quattro anni, di cadere con l'occhio, aprendo un cassetto, sopra una cartella con scritto "Documenti personali", nella quale conservo alcune carte che segnano le tappe della mia vita: certificati di battesimo e cresima, diplomi scolastici, provvedimenti delle autorità, benserviti, il congedo "illimitato" dal servizio militare, decreti che mi conferiscono onorificenze, finte pergamene con attestazioni di benemerenza, qualche elettrocardiogramma e altri esiti, per fortuna favorevoli, di esami clinici che ho affrontato negli anni.

Rileggo, quando mi capita sotto gli occhi quella cartella, un foglio dopo l'altro, quasi per ricordarmi chi sono stato in altri tempi, benché mi sia quasi impossibile riconoscermi in quei fogli. Mi rendo conto che esiste un abisso tra quanto risulta di un uomo e quel che ha fatto in realtà. Dove sono scritte le passioni, gli amori, i sogni, le delusioni di una vita?

Neppure coloro che hanno pubblicato delle auto-biografie intime o dei diari di diciassettemila pagine come Amiel e hanno compiuto delle spietate analisi di se stessi, ci informano a fondo su di loro. Se mi domando che mente avessi in certi momenti della mia vita, non so darmi risposta. Ho fatto cose che oggi non farei, ho avuto idee che non ho più, gusti che ho del tutto perduto. A sedici anni mi pareva che Daguerre e Niepce, gli inventori della fotografia, fossero più importanti di Socrate e di Kant. Credevo nella fotografia più che in Dio. Pochi anni dopo avevo appena, come tutti, una macchina fotografica che adoperavo di quando in quando e che ormai ho abbandonato. Ho aborrito per quarant'anni il latte e ora invece lo bevo tutti i giorni, freddo, togliendo con voluttà il cartone dal frigorifero, anche di notte. Il biliardo e le carte da gioco, ai quali ho dedicato anni, ora mi sembrano dei perditempo. La montagna, il camminare per i monti, non mi dice più nulla, mentre tra i ventitré e i trent'anni partivo tutte le settimane come un Tartarino verso le altitudini. Ho camminato settimane intere da una cima all'altra, da una baita all'altra, quasi sempre da solo, tanto mi appagava quell'andare che oggi mi annoierebbe.

Cambiano i gusti, le simpatie e le antipatie, cambia il nostro volto, il nostro sguardo, il nostro modo di parlare. Siamo, di giorno in giorno, diversi. Tanto è vero che vengono a piacerci cose che un tempo non ci toccavano minimamente. Chi mi avrebbe mai detto che avrei finito col mangiare di gran gusto le cipolle, per me disgustose fino a qualche anno fa?

E con l'aborrire i fichi per i quali da ragazzo ho rischiato tante volte di rompermi l'osso del collo?

Si cambiano, col passare del tempo, perfino gli amici. Persone che una volta ci sembravano insopportabili, finiamo col praticarle e ammetterle nel nostro giro, mentre perdiamo di vista le vecchie conoscenze.

Siamo, nel corso della vita, una serie continua di individui che si somigliano e rispondono costantemente ad alcuni dati sommari, ma il cui comportamento è mutevole e vario. Non c'è nulla di più incostante dell'uomo. E basterebbe guardare uno di quegli *albums* che molti si compongono cominciando con le loro fotografie dell'infanzia, dove si vedono nudi e sdraiati a pancia in giù sopra una pelle di pecora, passando poi alle fotografie del tempo della scuola, a quelle della vita militare se c'è stata, del matrimonio, e via via, da una crociera a un viaggio in Giappone, fino all'ultima fotografia fatta per il rinnovo del passaporto o della carta d'identità. Una serie di individui diversi ci passa davanti agli occhi ed è quasi un gioco riconoscerli di volta in volta per il medesimo personaggio, guidati da un naso a becco o da un mento a scucchia, più che dall'espressione del volto.

Chi siamo? Tutti e nessuno, oggi buoni domani malvagi, una volta generosi e un'altra meschini, per qualche tempo con un bel viso, capelluti e con l'occhio limpido, poi con facce da apostoli, teste calve, occhi incavati e schiene curve.

A Nuova York, in Washington Square, sotto gli alberi trasparenti c'è una statua di Garibaldi color pistacchio. L'Eroe ha l'aria stanca come se fosse arrivato a piedi in quella piazza. È appoggiato alla sciabola come un vecchio al bastone e guarda in basso verso i pezzenti che dormono sulle panchine. È mezzo gobbo, con una faccia da Beppone, insaccato nelle solite brache a bandiera e con la camicia rimborsata. Sembra in attesa di un cenno per mettersi in cammino verso qualche ricovero per reduci delle patrie battaglie.

Chi venendo in America ha lasciato alle spalle centinaia di amici e di conoscenti che abitano in via Garibaldi, in corso Garibaldi, in piazza Garibaldi, in largo Garibaldi o sul lungomare Garibaldi, sente che non si libererà più di Garibaldi, del quale ha visto ad ogni passo monumenti, targhe e lapidi che ricordano e segnano i luoghi dove passò, dormì, mangiò, previde, divinò, corse.

All'isola d'Elba, dove non c'è casa senza un ricordo di Napoleone, un oste ha scritto sulla sua insegna: "In questa trattoria Napoleone non mise mai piede".

In un paese di Romagna invece, sopra una casa ormai abbattuta, si leggeva fino a pochi anni fa una lapide del seguente tenore: "In questa casa avrebbe dovuto dormire Giuseppe Garibaldi la sera del... se improvvida notizia non l'avesse costretto a proseguire".

Con Gentilini ho avuto e mantengo un fedele sodalizio, uno di quei legami naturali che nascono spesso tra pittori e scrittori sul filo di misteriose affinità espressive.

Quando gli divenni amico erano già quasi trent'anni che mi capitavano sott'occhio quadri, disegni, acqueforti o litografie sue, opere sulle quali fermavo sempre lo sguardo per cogliervi un'idea, una invenzione o una soluzione che coincidesse con le immagini di quel mondo nel quale andavo prendendo cittadinanza.

Nei suoi quadri venivo a trovarmi come in una città conosciuta in sogno o abitata in una vita precedente, tra architetture impreviste ma logiche, in compagnia, o meglio in presenza, di uomini e donne diventate abitatrici di un paradiso terrestre piuttosto pitagorico se non euclideo, di un luogo geometrico dove fosse possibile immaginare non tanto la vita quanto il disegno originale della vita.

Avevo sempre temuto che, conoscendo di persona l'artista, quell'incanto potesse sfumare. Infatti lo conobbi e gli divenni amico quasi astraendo dalla sua pittura, sforzandomi di separarlo dalle sue invenzioni: impresa non difficile, perché pochi artisti sono così diversi dal modello tradizionale del pittore quanto Gentilini. Andavo nel suo studio e lo trovavo sempre in camice come un infermiere o un macellaio, ma già staccato dal quadro che stava sul cavalletto e che pareva abbandonato non da lui, ma da un altro pittore, uscito momentaneamente. Trovavo quadri nuovi, che non avevo mai visto, voltati contro la parete, che Gentilini mi lasciava guardare come se non fossero suoi, dipinti da qualcuno che all'arrivo dei visitatori li chiudeva in un armadio. Come poteva infatti, con quelle mani gonfie, enormi, a cuscinetto, maneggiare matite e pennelli con tanta leggerezza? Mi venne il dubbio che i quadri glieli dipingesse Tebano, il suo tenebroso segretario, che è uomo di lettere e delibatore di balsami poetici. Ma mi bastò una volta vedere Gentilini mentre firmava un quadro, in bianco sul fondo nero, col groviglio filiforme del suo cognome, che sembrava l'evoluzione d'un velivolo o d'un insetto nell'aria, per rendermi conto che in quel corpaccione compatto ed elefantino, si nascondeva l'archetipo, il paradigma della forma assoluta d'ogni oggetto terrestre e della creatura umana, concepita secondo il canone costruttivo di un creatore privo di problemi morali e inteso soltanto all'essenziale rapporto tra energia e materia.

Per quali vie, attraverso quali evoluzioni della linea e del mistero delle sue significazioni, Gentilini avesse imparato a muoversi verso le origini della forma, non mi fu mai possibile accertare. Gentilini è come un medium, che allo stato normale sembra un'altra persona, oppure come un prestigiatore, che dopo aver trasformato un cervo in un piccione ha l'aria di non sapere neppure lui come gli sia riuscito il miracolo. La sua risata senza ragione, dopo ogni prodigio risuona in un vuoto che è il campo magnetico delle sue metamorfosi e forse uno spazio delimitato da suoni sincopati, che sono l'alfabeto inde-

cifrato d'una specie rara: quella di quei pochi artisti, o poeti, che generazione per generazione parteci-
pano alla creazione, che si dice continua, dell'u-
niverso.

Dalla mitologia risulta che Giove tolse il regno al
proprio padre, lo castrò, lo incatenò e lo chiuse nel
Tartaro. Fu incestuoso con le sorelle, con le figlie e
con le zie. Violò perfino sua madre, Cibele. Sedusse
una gran quantità di fanciulle e di donne maritate,
assumendo, per arrivarci, tutte le forme immagina-
bili. Fu pederasta, ingannatore, spergiuro. I suoi
amori con le donne mortali durarono sedici generazioni, avendo incominciato con Niobe e terminato
con Alcmena, che ingravidò di Ercole, in tre notti
secondo alcuni e secondo altri in nove. Gli antichi
scrittori affermano anche che divorò la sua prima
moglie, Metis, ingravidandosi lui per conseguenza e
mettendo al mondo, attraverso la testa, Pallade.

Quale intenzione o quale allegoria si nasconde in
queste storie? Forse, il tentativo da parte degli uomini, di giustificare ogni loro delitto attribuendone la
prima idea al loro Creatore.

1980

1980

Che cos'era mai, al mattino, dopo un fortissimo caffè messo a fuoco in una caffettiera di porcellana, la fumata di una sigaretta tolta da una scatola di latta che aveva all'interno del coperchio gli stemmi di dieci o dodici famiglie reali!

Stavamo in cucina, dove la vecchia signora si era già versata un paio di caffè e fumate mezza dozzina di sigarette. Dalla finestra si vedeva passare, tra le case, la funicolare del Dolder, che saliva silenziosamente, inclinata a quarantacinque gradi.

Doveva essere primavera, a Zurigo. Il lago, quando uscivo e andavo sul ponte di Bellevue, si increspava alle prime brezze del sud. Era il 1938 o il 1939. Il caffè e la sigaretta mi eccitavano il cuore per una mezz'ora. La vecchia signora parlava, tra il fumo, seduta con un braccio appoggiato al tavolo sul quale posava un grande posacenere.

La vita, quasi tutta la vita, mi aspettava ancora, perché avevo venticinque anni. Di quella vita che m'aspettava, parlava, la vecchia signora, con cautela. Cercava con me le strade che avrei potuto percorrere, di qua, di là, magari in altri continenti, se l'Europa, come pareva, stava avviandosi alla guerra.

Venne la guerra. Le strade si intrecciarono, si divisero, tornarono ad incrociarsi e a dividersi. La vita, quella che mi aspettava dietro gli anni, fece i suoi giochi, estrasse, una dopo l'altra, le sue carte.

La partita, giocata e rigiocata, è ancora aperta.

"La mia storia finisce, si confonde" scriveva Umberto Saba in una sua poesia degli anni tardi. Viene infatti un tempo, in cui tutto di nuovo si complica e s'intreccia. Nasce un disegno "dove amori si confondono e venture".

Allora, il fumo d'una sigaretta di tanti anni prima, l'aroma del caffè in una mattina di primavera e l'enigma dell'avvenire, si vedono al fondo di una lunga prospettiva, al congiungersi di tutte le linee ancora aperte, come un attimo di felicità senza motivo, nel quale entrava, come un fantasma, il vagoncino belvedere della funicolare che saliva inclinato di quarantacinque gradi tra le case, verso il Dolder.

Nella prefazione, d'una quarantina d'anni fa, a una scelta delle opere di Luciano di Samosata, Alberto Savinio notava fra l'altro che Sant'Ambrogio non parla nei suoi scritti di Sant'Agostino, Sant'Atanasio non parla mai di Sant'Ilario e Cassiodoro non parla mai di San Benedetto. Non solo: Orazio non nomina mai Ovidio né Properzio, i contemporanei di Plutarco lo ignorano e lo stesso Plutarco, biografo nato, non nomina nessuno scrittore del suo tempo. Allo stesso modo, si potrebbe osservare, gli scrittori moderni e contemporanei si guardano bene dal citare nelle loro opere i colleghi, tanto che fra un cinquantennio sembreranno vissuti come in un deserto, ignoti gli uni agli altri. Ognuno, nel campo delle lettere, provvede a se stesso, perché gli scrittori tutti insieme formano non un continente ma un arcipelago. I letterati e gli scrittori del nostro tempo si trovano a tavola, nelle commissioni dei premi, magari in montagna o al mare, ma non lasciano traccia dei loro incontri e della loro amicizia o inimicizia nelle opere che affidano, chissà con quale esito, alla posterità.

Il suicidio metafisico di pensatori o anche di semplici intellettuali è certamente un fatto grave, particolare del nostro tempo e indicativo di quella morte dell'anima che viene affermata spesso sia nelle opere letterarie che nelle manifestazioni estetiche, come la pittura, la scultura, il cinema e perfino la moda. Tuttavia il suicidio metafisico permette, a differenza di quello fisico, di continuare nel bere e nel mangiare, nell'andare a spasso e nel cogliere le piccole e grandi gioie della vita benché sempre sotto l'ombra di un'*assenza*, di un *nulla*, di una *disperazione* che ha la sua gravezza. D'altra parte, anche in tempi migliori si è sempre detto che il mondo è una valle di lacrime, ma piena di isole, cioè di osterie, salotti, giardini, piccoli paradisi che consentono di compiere quella traversata che è la vita di un uomo in modo sopportabile e qualche volta addirittura piacevole.

C'è sempre un momento nella vita in cui tutto ciò che prima appariva in un modo, appare in un altro. Una persona, che può essere un figlio, la moglie, un amico e comunque un essere profondamente amato del quale ci si era fatta una certa idea, si rivela all'improvviso diverso e diventa irriconoscibile. Aveva, quell'essere così amato, una seconda vita, un segreto, un retroscena, nel quale si nascondeva una parte di lui che era ignota a chi credeva di conoscerlo per il solo fatto di amarlo e di esserne amato. In tali casi, chi è colpito dalla inaspettata rivelazione, cerca più in fretta che può di aggiornarsi, di adattare se stesso alla nuova misura che l'altro ha rivelato, di rincorrerlo sopra una strada della quale ignorava fino allora l'esistenza. È il caso di certi mariti che scoprono, magari dopo vent'anni, la vera vita e la vera sostanza della moglie. Un essere che aveva vissuto accanto a loro i giorni e le notti, le gioie e i dolori, che credevano trasparente come un cristallo, era invece un abisso, di turpitudine si vorrebbe dire, ma invece solo di desideri repressi, d'incompletezze, di complessi dei quali aveva tentato di liberarsi per vie diverse, cercando di nascondere i suoi rimedi perché non nuocessero ad altri, essendo, quelle alle quali ricorreva con buon risultato, medicine che potevano riuscire mortali a chi non ne aveva necessità.

Il mondo scherza su tali drammi, il teatro e la letteratura se ne appropriano per svolgere tutta l'ampia casistica del così detto tradimento, più allegramente raffigurato in un simbolo o insegna che l'indice e il mignolo bastano a suggerire. Ma il dramma è immane, come tutti quelli sui quali si stende l'ala dell'inconoscibilità degli esseri umani.

Un tal Carlo A. Madrignani, su un recente numero della rivista fiorentina "Il Ponte", parla dall'alto di non si sa quale cattedra, del "consumo intellettuale entrato nella spirale consumistica, per cui il prodotto è destinato ad un mercato prefabbricato che si pone al di qua di ogni possibile confronto critico".

Secondo il Carlo A. Madrignani, i critici militanti sono tutti "legati alla logica del profitto editoriale" e quindi estranei alla battaglia per ottenere il "prodotto di qualità" e per "fare della cultura una forma di autodiagnosi, che sostituisca all'evasione o al consenso una maggiore autonomia dei meccanismi produttivi nel tentativo di porre le premesse per una comunicazione reale".

Naturalmente il Madrignani fa degli esempi, decide quali autori contemporanei abbiano un "peso letterario" e quali no e nega alle grandi case editrici la capacità di scegliere autori e libri utili a "porre la premessa di una comunicazione reale".

Ma chi abbia dato a lui tanto discernimento, chi lo abbia riconosciuto come buon giudice di ciò che si fa e consigliere di ciò che si dovrebbe fare, il Madrignani non dice. Per cui bisogna pensare che esistono dei veri e propri maestri della morale letteraria, depositari della verità e definitori dei generi e delle forme della letteratura. Il Madrignani è uno di questi iniziati, di queste sibille alle quali è bene ricorrere prima di scrivere un libro. Anche i grandi editori dovrebbero guardarsi bene dal lanciare opere o autori senza averlo consultato. Ma viene il dubbio che se lo facessero si sentirebbero proporre un suo manoscritto, un romanzo che l'iniziato ha nel cassetto da anni e che non riesce a spacciare, uno di quei libri che secondo lui dovrebbero portare al "risanamento della cultura" o anche soltanto al risanamento delle sue finanze.

I veri poeti si sono provati qualche volta a scrivere le parole delle canzoni, ma senza risultato. Anche loro cadono nelle solite rime *cuore* e *amore* e nelle solite puerilità. Raramente una canzone, anche piacevole per la musica, riesce a comunicare, con le parole, un pensiero meno che idiota. E la ragione è forse nell'eccessiva richiesta di testi. Nessuna epoca è stata spremuta tanto, perché mai la canzone è stata, come oggi, una grande industria. Se i fumatori si mettessero a consumare più tabacco di quello che si può produrre, sarebbe inevitabile ricorrere alla paglia, al fieno o al fogliame caduco.

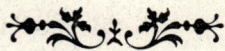

Fra gli ottanta tipi di cornuti classificati da Charles Fourier nel suo *Trattato dell'Associazione domestica agricola* e nei suoi manoscritti figura, al No. 49, il *cornuto postumo*, che è quello i cui figli nascono dopo dieci o dodici mesi che è morto, il quale si trova ad essere il *cornuto dei due mondi*, cioè in una vita e nell'altra, perché dopo aver portato le corna da vivo gliele piantano anche sulla tomba. Fra le altre figure di *cornuti, cornette* e *cornardi*, sono da rilevare il *cornuto marziale*, il *cornuto assorto*, il *cornuto reciproco*, il *cornuto ausiliario*, il *cornuto accelerato*, il *cornuto trascendente* e il *cornuto fulminante*.

L'estate scorsa, a Rimini, dov'era per un periodo di vacanza, Diego Fabbri è mancato ai vivi, o meglio ai parenti, agli amici, al pubblico che lo conosceva attraverso la sua attività d'uomo di teatro. L'avevo visto l'ultima volta un paio di mesi prima a Piazzola del Brenta, dove era riunita la giuria del "Premio Campiello". In una villa veneta ridotta ad albergo dov'eravamo ospitati, arrivò da Roma verso sera e sedette accanto a me sul terrazzo.

«Sono un po' stanco» disse col suo mai dimesso accento romagnolo. E mi guardò per vedere se anch'io, che ero partito da casa come lui al mattino, davo segni di stanchezza. La testa pareva gli pesasse troppo sulle spalle, tanto il suo collo si piegava, ora da una parte ora dall'altra, per farla posare su di una spalla. Mi guardava, da sopra gli occhiali e da sotto le sue folte sopracciglia, quasi brezneviane, col sorriso esausto, prossimo a spegnersi, d'uno che sta per addormentarsi.

«Lavori molto» aggiunse. «Scommetto che hai già pronto un libro nuovo.»

«Sì» risposi. «Hai indovinato. Indovini sempre ogni anno, quando ci incontriamo.»

«Bravo» disse. «Anch'io lavoro sempre. Sono stanco, malato, ma lavoro.»

In tanti anni avevamo parlato poco, ma ci eravamo letti l'un l'altro, forse non interamente, però quanto bastava a saper tutto non solo dell'opera, ma del carattere, dei gusti, delle inclinazioni e magari dei nostri difetti. Diego mi guardava, quel pomeriggio, sul terrazzo della villa-albergo, con indulgenza e con affetto. In quell'ombra fresca, seduto di fronte a lui, lo sentivo vivere in quel suo modo discreto, affabile, d'uomo riguardoso eppure severo. Aveva letto quasi tutti i sessanta libri che concorrevano al "Campiello". Fatica pesante, forse vana, ma non per lui, che era scrupoloso come un giusto giudice e fiducioso nella buona volontà, se non nella qualità, dei nuovi narratori.

A qualche centinaio di metri da noi scorreva il Brenta, tra verdi margini. I pioppi che ne seguivano il corso muovevano le cime al vento leggero della pianura. Cominciava una estate, della quale Diego non avrebbe visto la fine.

⁜⁂⁜

Tino Buazzelli, il 21 ottobre scorso ha avuto colonne di stampa su tutti i giornali con una larghezza che non gli era mai toccata. Il giorno prima infatti si era spento in una clinica romana, a cinquantotto anni. Mi aveva scritto l'ultima volta due anni or sono per parlarmi d'un libro per ragazzi che stava scrivendo. Voleva diventare scrittore, prima di morire. Attore lo era da sempre, eccellentissimo.

Fin dal 1968, quando aveva letto *Il Balordo*, si era messo in testa di trarne un film. Ci riuscì dieci anni dopo, per la Televisione, e ne fece un miracolo d'interpretazione. Il Bordigoni, gigantesco e bertoldesco eroe, come scrissero i critici, fu impersonato da lui a perfezione.

Mentre si girava il film a Orta, andai a trovarlo due volte. Mi spiegava il mio libro come lo avesse scritto lui, tanto lo amava. Un pomeriggio restammo due ore seduti su una panchina del lungolago, davanti all'isola di San Giulio. Era autunno e avevamo i piedi tra le foglie morte degli ippocastani che cadevano in una lenta nevicata di fiocchi color rame. Mi spiegò quello che secondo lui pensava il Balordo nei suoi silenzi. Sulla testa, teneva un berretto marrone, mentre indosso, essendo vestito di scena, aveva una divisa militare americana. Ogni tanto mi guardava coi suoi occhi tondi: temeva che non seguissi il suo discorso, distratto dalle foglie che cadevano o dalla vista dell'isola di San Giulio che andava fasciandosi di nebbie leggere. A un certo momento si interruppe, diede anche lui un'occhiata all'isola e disse: «Sembra che si allontani? Si sfoca, forse sparisce».

Poi vedendo che l'isola, investita da un soffio d'aria, ravvivava i suoi colori, scosse la testa e riprese a parlarmi delle idee che giravano nella testa del Balordo.

Ma dal fondo della piazza una voce lo chiamò con l'altoparlante: «Signor Buazzelli! Siamo pronti, si gira!».

«Ha capito?» mi disse allontanandosi. «Un uomo come il Balordo è un sogno. Io mi ci trovo, dentro di lui. Ci sto bene. È come se avessi scoperto un fratello. Vedrà come farò bene la sua morte, nel lettone, in mezzo a tutta quella gente, quando sbaglio i proverbi, li mescolo, li ricombino, poi li confondo di nuovo e faccio capire cos'è il morire.»

«Maestà, credo che dovrete ingoiare questo limone» disse Mussolini a Vittorio Emanuele III dopo la firma del patto d'acciaio con la Germania nazista. Non alludeva al patto, ma all'opportunità di conferire il collare dell'Annunziata a von Ribbentrop, ministro degli esteri germanico. Il "collare", la maggiore onorificenza sabauda, rendeva l'insignito cugino del re. Furono cugini di Vittorio Emanuele III, Farinacci, Grandi, Balbo e molti altri. Al "collare" aveva aspirato anche il Carducci, ai suoi tempi, ma invano. Tanto che si ridusse a chiamare Annunziata una sua cagnolina. Quando la bestiola gli correva incontro al suo arrivo a casa per farsi portare a spasso, dalla strada il "Vate della terza Italia" poteva gridare alla moglie che stava al balcone: «Buttami il collare dell'Annunziata!».

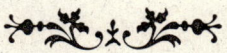

Un tale, che scrive sui giornali e ogni tanto pubblica qualche libro tra il saggio e il racconto, libro sempre molto intelligente, perché questa è la sua preoccupazione: sembrare intelligente, intelligentissimo, stabilire fin dalle prime parole una netta distanza tra lui e il lettore; quel tale dunque, che confondo spesso con un altro dello stesso genere e pressoché dello stesso cognome, ossessionato da simili preoccupazioni si domandava tempo fa, su di un giornale, s'intende, perché il farsi delle domande e il darsi delle risposte è uno degli accorgimenti di cui si serve per comparire in pubblico con degli scritti, cosa sia mai lo scrittore. Infatti, ci si potrebbe chiedere se è un lavoratore o un hobbista, un maniaco, un malinconico, un imbroglione, infine un saturnino o un dionisiaco. Una donna delle mie parti, parlando di me, per esempio, che passo per uno scrittore per il solo fatto che scrivo e pubblico dei libri, dice: «Quello lì? È uno ch'el cunta su quater ball (conta quattro frottole) e trova non solo chi gliele stampa, ma anche chi le compera».

Ecco dunque cos'è uno scrittore, o meglio un narratore. Uno che racconta delle storie e trova chi le sta a sentire, chi addirittura gliele chiede con insistenza, al punto che, fatto furbo, invece di raccontarle a voce facendosi pagare un caffè o un pranzo, pensa di scriverle, di raccoglierle in un libro e di metterle in vendita come un qualsiasi prodotto commerciale. Fa né più né meno quel che fanno le persone portate a curare le malattie. Invece di dar consigli, distribuire decotti o manipolare schiene, braccia e gambe, prendono una laurea in medicina, aprono un gabinetto, prendono un numero di codice fiscale e fanno i medici, riscuotendo onorari, o stipendi se si mettono a disposizione d'un ospedale, come quegli scrittori che si mettono, dietro stipendio e contributi previdenziali, a disposizione d'un giornale. Il confronto, o il paragone, si potrebbe fare anche con quelli che costruiscono case, che coltivano i campi, che macellano animali. Anche coi preti, che esercitano un vero ministero dietro compenso di una congrua tariffa quando si tratti di funerali, battesimi o matrimoni.

Chi serve l'altare deve vivere dell'altare, cioè ognuno deve vivere del mestiere e dell'arte che fa. Il pittore vende i quadri che dipinge, il musicista le musiche che compone, il suonatore quello che esegue. Lo scrittore, anzi il narratore, vende le storie che inventa e che scrive. Il narratore, sia ben chiaro. Perché ci sono individui che scrivono quello che pensano. Non delle storie, dei romanzi, dei racconti, delle narrazioni di viaggi o dei saggi storici, ma quello che la loro mente concepisce. Sono quegli scrittori che insegnano all'umanità come bisogna pensare, come bisogna guardare un quadro o giudicare un fatto. Forse è di codesti scrittori che intendeva parlare il tipo del quale si è detto in principio. Ma costoro non sono scrittori, bensì maestri, profeti, veggenti, cioè veri venditori di frottole, che mettendo nei libri o sui giornali le loro elucubrazioni e profittando dell'abitudine che ha la gente di leggere ogni sorta di cose scritte, riescono a carpire la qualifica di scrittori.

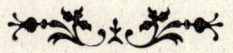

1981

Capita, nelle città di provincia dotate di un passeggio, porticato o no, d'incontrare certi giorni, all'ora dell'aperitivo, tra la piccola folla d'ogni sera, dei veri e propri *revenants*. Sono persone in età che si credevano morte da anni e che d'improvviso riprendono, magari solo per quella sera, a circolare. Si incontrano uno dopo l'altro, quasi avessero deciso tutti insieme, di uscire proprio quel giorno, come morti che si accordino per fare una ricomparsa nelle vie centrali della loro città. Questi spettri sono, generalmente, vestiti di abiti vecchi, stinti, troppo larghi. Portano il pastrano in primavera e il soprabito a mezza estate. Non guardano nessuno, perché il loro scopo è solo quello di farsi vedere dagli altri, forse di sorprendere i concittadini, se non proprio di spaventarli. Sono i *revenants* di un'altra epoca.

Qualcuno, qua e là, mi chiama "maestro": portieri

d'albergo, proprietari di ristoranti, camerieri, ma anche avvocati, onorevoli, direttori di banche. Altri mi chiamano professore, o candidamente mi domandano come dev'essere chiamato uno scrittore. "Mi chiami Pietro" mi vien voglia di rispondere. Ma indubbiamente "maestro", come un pittore o un direttore d'orchestra, mi piace. Maestro! Purtroppo non ho nulla da insegnare, ma solo qualche cosa da raccontare.

I falsi o finti scrittori parlano spesso di un "terrore della pagina bianca", che sarebbe una specie di panico dal quale lo scrittore verrebbe colto davanti alla pagina ancora intatta sulla quale depositerà, se li depositerà, i suoi sublimi pensieri.

Esiste davvero questo smarrimento, questa alta coscienza, nei cosiddetti operatori culturali, del proprio compito di annunciatori del verbo? Può darsi, in qualcuno dei più investiti dal sacro fuoco, nei grandi moralisti, nei vati, nei coglionissimi vati. Oppure negli evocatori delle sacre memorie, che alzano dai loro petti il grido della stirpe immortale, quella di Dante o di qualche altro speronatore d'altissimi sensi attivo in altre epoche. Ma lo scrittore comune, anche se ottimo, il narratore per esempio, sia egli un Boccaccio, un Dostoevskij, un Balzac o uno Stendhal, può aver provato lo sgomento della pagina bianca? Direi di no. Bensì, l'entusiasmo, la voglia, il prurito dello scrivere, cioè del raccontare. Anche se incominciare una pagina vuol dire iniziare una dura battaglia, una grave fatica, il rischio di farsi giudicare ingenuo, fatuo o quantomeno bugiardo senza la giustificazione del risultato, cioè senza che l'invenzione sia così perfetta da sostituirsi con vantaggio al vero.

Dal *Diario 1942-1968* di Prezzolini si viene a sapere che una sera, durante l'ultima guerra, forse nel 1942, Toscanini con alcuni amici arrivò dopo mezzanotte dall'oste Santella, a Nuova York, che aveva appena chiuso il locale. Venne bussato, ma invano. Allora Toscanini gridò: «Sono Toscanini!». Ma Santella non aprì. Grave rischio, quello di adoperare un nome celebre in simili casi! Una volta Alfredo Binda, che era campione del mondo di ciclismo, andò con alcuni amici al confine svizzero per comperare sigarette, ma essendosi accorto d'aver dimenticato il passaporto, non volle avvicinarsi al valico. «Come!» gli dicevano gli amici. «Basta che ti fai vedere, ti lasceranno subito passare. Le guardie vorranno guardarti, toccarti. Dovrai rilasciare degli autografi.» Binda fu irremovibile. «Non vorrei» disse «capitare su qualche guardia che sentendo il mio nome dicesse: "Binda? Mai sentito nominare"».

Certamente quella sera a Toscanini davanti ai suoi amici venne voglia di andarsi a nascondere. «Sono Toscanini!» E quelli di dentro, invece di correre a spalancare le porte, stavano zitti e magari facevano manichetto all'indirizzo del grand'uomo.

Non sono soltanto i grandi personaggi a tenersi in casa delle stranezze. Una volta a Manosque, nell'atrio della casa dello scrittore Jean Giono, che passando da quelle parti volevo conoscere, vidi un cavallo da giostra, esposto come un quadro. Un mio conoscente ostentava, in salotto, un bidè settecentesco portatile, da viaggio. Un altro aveva un intero confessionale, dentro il quale si ritirava a leggere, tirando la tendina color viola. Io stesso tenni in casa per anni il tamburo della banda d'un battaglione di *sapeurs* francesi. Ci sono degli oggetti, evidentemente inutili e di nessun valore, che sono tuttavia ineliminabili e che si trovano sempre un padrone.

Nelle pile di libri che mi circondano, tutti da leggere e mai letti, ce n'è uno che ogni tanto cambia posto ma non subisce mai come gli altri l'avvicendamento, quando alleggerisco i mobili di casa del loro peso di successi e insuccessi per beneficiarne la biblioteca del mio paese. Quel libro, smilzo, vecchio, con la sovracoperta in brandelli, si intitola *Crotcaja*, è di Dostoevskij, stampato in piena guerra, nel gennaio 1945, su povera carta ormai ingiallita nella Collezione Universale Bompiani.

Ogni tanto lo cerco, lo trovo e me lo porto dietro di stanza in stanza per un paio di giorni: il tempo per rileggerlo.

Lo apro come tante altre volte, alla prima pagina: "Ecco, fin che è qua, tutto va ancor bene: continuamente vado da lei e la guardo. Ma quando domani l'avranno portata via, come rimarrò, solo? Ora è in sala, sul tavolo, due tavoli da gioco riuniti, e la bara verrà domani, tutta foderata di *gros de Naples* bianco, bianco".

L'usuraio cammina su e giù, dal locale dei pegni alla stanza dove giace la sua giovane moglie suicida e tenta di spiegarsi "tutto". Nel suo tentativo di rendersi chiara ogni cosa e insieme di giustificarsi, c'è l'uomo Dostoevskij, cioè qualunque uomo davanti all'impossibilità di comunicare con un'altra creatura e con l'essere femminile in particolare.

Il protagonista del racconto è un uomo abominevole, forse. Ma chi può giudicare abominevole un uomo, quando ognuno è abominevole? In quelle pagine è l'autore che studia se stesso, cioè l'uomo, nelle spoglie d'un usuraio che si è visto andare in fumo il più importante dei suoi pegni, cioè una donna, la moglie, che avrebbe potuto amare e dalla quale avrebbe potuto farsi amare, se si fosse accorto che quella donna era, appunto, il più prezioso degli oggetti che aveva in casa.

Chi legge questo racconto, non può fare a meno di sentirsene il protagonista e procede di pari passo nella lettura e nell'analisi del proprio animo, come l'autore. Naturalmente, sempre invano. Perciò, almeno una volta l'anno rileggo *Crotcaja*. Ma anche per un altro motivo. Mi illudo sempre di scoprire, leggendolo e rileggendolo, il segreto dell'arte dostoevskijana. Indago su quel mettersi dell'autore ogni tanto fuori dal racconto con un'esclamazione, per poi rientrarvi, a testa bassa, come un chirurgo che ogni tanto sollevi il capo dal corpo aperto del paziente che sta operando, per riposare un istante gli occhi o per allentare la tensione che lo attanaglia.

Smonto, ricompongo, confronto un episodio dopo l'altro e mi accorgo che anche tecnicamente Dostoevskij è ininvestigabile perché naturale, istintivo, estremamente personale, anche se ha accanto le ombre di Gogol' e di molti altri.

Finita la lettura, poso il volumetto bompianesco sopra una pila di libri, della quale in qualche mese, con la sovrapposizione dei nuovi arrivi e la sottrazione dei libri già stagionati tocca il fondo, ma per riapparire periodicamente, perché *Crotcaja* è un mio coabitante fisso, insieme a pochi altri libri, un suggeritore discreto ma insistente, forse una reliquia o un amuleto, che tocco di tempo in tempo per salvarmi nel mare inquinatissimo della carta stampata.

Il terzo giorno della merla, immagine più che numero d'un calendario contadino di figure e di fatti, all'alba, è improvvisamente mancato quest'anno Leonardo Sinisgalli, uno dei maggiori poeti del nostro tempo. La sua poesia ci colse di sorpresa, negli anni di Ungaretti e di Montale, come una voce antichissima, remota, affiorante da un Meridione arcaico e preromano. Le terre polverose della Basilicata, i valichi degli Alburni, il corso dell'Agri prendevano voce e davano un volto riconoscibile, una fisionomia indimenticabile alla nuova poesia. Sinisgalli, matematico e ingegnere, pitagorico ed eleatico, inanellava i suoi duri versi, come se il tempo non esistesse o fosse sempre nuovo proprio per la sua possibilità di rappresentarlo.

Con quel suo testone assorto circondato dalle api del pensiero, gli spessi occhiali e lo sguardo fenicio, egiziano, Sinisgalli compariva fino a una ventina d'anni fa alle mostre d'arte, nei caffè letterari, per le strade di Milano o di Roma. Negli ultimi tempi viveva, come tutti, ritirato. Si sentiva un po' trascurato come poeta, ma non se ne adontava. «Si faranno pure i conti, a suo tempo» diceva.

L'avevo visto la prima volta a Milano, appena dopo la guerra, poi a Roma, con Viviani che gli era amico. Teneva in casa dei bellissimi gatti.

Alle pareti, i quadri dei pittori amici. Il suo umore era sempre alto, cioè tenuto al di sopra della malinconia e anche dell'ironia. L'ultima volta che lo vidi, qualche anno fa, a Milano, gli citai quasi per intero una sua vecchia poesia:

Strepita la campana al capolinea.
La tramontana spazza contro il fiume
la polvere delle case in rovina.
Eccoti sola e la piazza ti sperde
al bivio, e tu non sai
più vivere, non sai dimenticare.
Era verde il sambuco quella sera,
freschi i tumuli di terra
fuori dalla città...

Non gli pareva vero che una sua poesia di quasi quarant'anni prima fosse rimasta nella mente di qualcuno.

Come poeta si era data la mano con Quasimodo, con Gatto e De Libero e aveva dato una mano a Scotellaro. Teneva un piede nel realismo contadino e l'altro nel Surrealismo, ovvero passava dall'uno nell'altro, ma con un tono che risaliva alle voci dei suoi paesi lucani, alle parole tronche del suo dialetto, ai ritmi di epoche dimenticate e riapparse nei campi elisi del suo lucido intelletto.

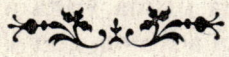

Asolo è una delle mete degli spiriti romantici, inglesi principalmente e tedeschi, che ancora conservano il gusto di una sana malinconia. "Malinconia ninfa gentile – i tuoi piaceri – chi tiene a vile – ai piacer veri − nato non è" scriveva uno dei nostri poeti dell'Ottocento.

Per un italiano Asolo è un po' funebre, un cadavere cinquecentesco imbalsamato e presentato fra cipressi e rose. Ci sono stato molte volte contentandomi di Caterina Cornaro e dei funghi del Montello, senza mai trovare il tempo, o la voglia, di andare a vedere la tomba di Eleonora Duse. Vi ho pellegrinato quest'anno, il 30 maggio, festa delle ciliegie, mentre il sindaco, sotto la loggia della cattedrale piena di cestini colmi, teneva il discorso di apertura della fiera di quel frutto che ha una delle sue zone d'elezione tra Asolo e Marostica. La mattina era limpida e i colli vaporavano sotto il sole. C'era gente nella chiesa del convento vicino al cimitero, uscita da un paio di corriere. Il cimitero, ricavato sul fianco di un colle, era deserto. Sopra uno spalto, circondata da una siepe di mirto da anni non regolata dalle forbici d'un giardiniere, la tomba: una lastra di pietra grigia col nome e cognome, la data di nascita e quella di morte. Sessantasei anni di vita, calcolai. Dal 1858 al 1924. Sopra la pietra, un po' consunta, erano sparse alcune foglie cadute dagli alberi intorno durante il temporale di qualche giorno prima. Tra le foglie, una rosa appassita, spiaccicata, incollata dal temporale alla pietra, come per un bacio appassionato. Il caso, l'acqua, i temporali e poi il sole, fanno le cose bene, da arredatori esperti. La tomba si trovava ad essere in quel momento nel migliore stile della grande tragica. Il verde dei colli era intenso, il cielo azzurro, il sole maturava le ciliegie come al tempo dei suoi amori e dei suoi trionfi.

Nei negozietti degli antiquari di Asolo i suoi ritratti si vendono ancora. Il più noto e ricercato la presenta col volto alzato e il viso proteso, col mento in avanti: il piccolo mento del quale d'Annunzio aveva notato l'esiguità, e che in quella posa, chissà quanto studiata, prende tutta la poca espressione che gli è possibile. D'Annunzio il 14 giugno 1896 aveva annotato in un suo taccuino, per servirsene nella stesura del *Fuoco*: "La visione lucida e cruda che egli ha dello sfacelo di lei. Certe apparenze della sua faccia, il suo profilo. Il suo piccolo mento miserevole".

Nel ritratto, gli occhi della Duse, dolci e tristi, di cane, guardano nel vuoto, forse una visione sospesa a mezz'aria o semplicemente un chiodo fissato nel muro di fronte, se non la mano alzata del fotografo che prima di scattare ha detto «Guardi qui, per favore». Qualche capello le sfugge dalla crocchia, il respiro è evidentemente trattenuto.

Resterà sempre così, col capo inclinato all'indietro, la gola nuda, stirata, il fiato sospeso, il mento puntato in avanti e lo sguardo che le scorre lento dagli occhi, come una colata di passione destinata a superare il boccascena e a invadere una platea vasta come il mondo.

L'ingegnere Stefano Cantoni ha riferito a Silvio Bertoldi, che ne ha fatto tesoro, una notizia della quale mi sarei servito volentieri nella mia biografia dannunziana. Al Bertoldi, che gli chiedeva se d'Annunzio era andato qualche volta ad Asolo dopo la morte della Duse, il Cantoni rispose: «Venne una volta. Fece avvertire il prefetto di Treviso che avrebbe visitato il cimitero, ma che desiderava essere assolutamente solo. Andai ad attenderlo con il podestà all'ingresso del paese. Arrivò in automobile con un mazzo di rose rosse. Erano passati dieci o quindici giorni dalla morte della Duse, e si fece in modo che il cimitero fosse deserto. Lui entrò, rimase a lungo, ripartì senza farsi vedere. Non tornò più, che io sappia».

L'ingegner Cantoni racconta anche che la Duse spesso prendeva la carrozza del noleggiatore Fabbris e si faceva portare fino al Piave. Riempiva di acqua un'anfora e se la metteva in camera, con un rito evidentemente di marca dannunziana. «Una volta» dice il Cantoni «tornando fece fermare la carrozza per un bisogno. Dopo, per anni, Fabbris indicava quel punto ai suoi clienti come un luogo storico.»

«Qui» immagino dicesse il Fabbris dopo essersi soffermato al punto giusto «la Duse...». E mi domando con quali termini il cocchiere asolano riuscisse a presentare il fatto. Ma è certo che in quel luogo "sacro" l'antico realismo italiano riprendeva i suoi diritti.

1982

Viveva da anni, nella nostra piccola città, il professor Giuseppe Del Bissier, insegnante di ruolo nelle scuole pubbliche. Stava in un appartamento di due stanze, solo. Non aveva amici né persone che degnasse d'attenzione, perché era altezzoso e sprezzante. Salutava appena con un cenno del capo qualche collega, ma per la strada si può dire che non vedesse nessuno, tanto si teneva, con lo sguardo, al di sopra delle persone con le quali incrociava. Di lui si sapeva, perché nelle piccole città tutto si viene a sapere, che si faceva il letto da sé, si stirava le camicie e i fazzoletti e si preparava anche i pasti, benché avesse in tutto una padella, una pentola e un pentolino. I suoi pranzi erano formati da riso bollito con burro crudo, uova al tegamino, qualche rara bistecca e caffelatte.

Quel suo farsi da marito e da moglie e da padrone e da servo, gli aveva conferito un aspetto non virile, equivoco e, a parere di tutti, sgradevole. Non era mai lindo e stirato come gli uomini accuditi dalle mogli, emanava spesso odore di fritto o di minestra e usava fazzoletti accartocciati e simili a una spugna.

Con tutto questo era pieno di superbia. Un giorno, era l'estate del 1943, mentre per strada stavo confabulando con un suo collega antifascista, il Del Bissier, che veniva verso di noi guardandoci con occhio porcino, arrivato a due passi ci gridò in faccia: «Disfattisti!».

A pochi passi c'erano i tavolini del Caffè Cavour, ai quali sostavano sempre, con le orecchie tese, i fascisti più zelanti della città.

«Disfattisti!» tornò a gridarci allontanandosi.

Conosceva per antifascista il suo collega, e dalle nostre facce, dal nostro parlarci con circospezione e sottovoce, aveva capito che stavamo dicendo male del fascismo.

A guerra finita, quando fu sottoposto, come fascista e delatore, a giudizio di epurazione, si giustificò dichiarando d'essere sempre stato, nonostante le apparenze, un "anti".

«Anti che cosa»? gli chiese irritato il presidente della Commissione.

«Antifrastico» precisò.

I commissari non sapendo cosa significasse quel termine lo invitarono a esemplificare.

Il Del Bissier disse allora di aver sempre detto il contrario di quel che pensava, come quasi tutti gli italiani durante il fascismo.

«Antifrastico» spiegò «non solo è un tipo di discorso che procede per contraddizione, ma anche colui che si contraddice o che comunque ricorre all'antifrasi. I greci chiamavano *le benigne*, cioè Eumenidi, le Furie infernali. Davo, con questo gioco di parole, del disfattista al patriota, dell'audace al vile, del furbo al fesso, come sempre si fa in tempi di tirannia.»

I commissari, forse per non dimostrarsi ignari di termini difficili, lo mandarono assolto.

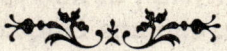

«I miei duecento metri al giorno» dice l'amico Muzio «non trascuro mai di farli.» L'amico Fulvio sostiene invece che la passeggiata salutare deve essere almeno di una *parasanga*, cioè di mezz'ora – la *parasanga* era infatti una misura viaria degli antichi persiani corrispondente a mezz'ora di cammino. «Di più fa male» afferma Muzio, che già trova eccessiva la *parasanga*. E cito personaggi che non hanno mai fatto più di duecento metri al giorno e sono o furono, nonostante la tarda età, sempre in buona salute: Giuseppe Prezzolini di cento anni, Francesco Chiesa morto a centodue, Charles Samaran, storico francese vivente, di centotré anni, Picasso, Charlot, Marino Moretti, Aldo Palazzeschi, Diego Valeri, Benedetto Croce e tanti altri sedentari assoluti che camparono fino alla più tarda vecchiaia. Da ultimo, per sconfiggere definitivamente Fulvio e i patiti del *footing* o del *golf*, cita i cardinali. «Non muovono neppure la testa,» dice «eppure campano quasi tutti oltre i novant'anni.»

I vecchi compagni di gioventù li ritrovo ogni anno a tavola, dove li convoca un volonteroso che non ha ormai altro impegno al mondo oltre quello di tenere insieme il gruppo dei superstiti del quale fa parte. Sono una trentina di strani personaggi che la vita ha diversamente modellato, di non eguale estrazione e di diversa fortuna, che una cinquantina di anni fa, quando il paese era più piccolo e più unito, si ritrovavano al caffè vicino al porto formando una compagnia disparata e qualche volta contrastante, legata insieme soltanto dalla comune dissipazione giovanile. L'idea di riunirli a tavola una volta l'anno, che sembrò tanto buona una ventina d'anni fa, si va rivelando sempre più malinconica e col passare del tempo addirittura macabra. Alla data convenuta, in qualche ristorante di campagna dalle nostre parti, provenienti dalle vecchie strade del paese ma anche da vari luoghi d'Italia e anche dall'estero, conveniamo tutti al nostro tranquillo desco, simili ai reduci della *Grande armée*, agli avanzi di Austerlitz e di Wagraam che sfilavano il 15 dicembre d'ogni anno nella nebbia dei *boulevards* dopo la morte di Napoleone. Anche noi presentiamo le armi alle ombre del passato. Uno è ingrassato, l'altro è dimagrito, i nasi si sono fatti adunchi, gli occhi infossati, le guance appassite. Ogni anno qualcuno manca all'appello, ma la schiera, sempre più sparuta, dopo il pranzo si addossa sempre a un muro e posa per uno di noi, il Violini, che l'anno dopo distribuirà ai convenuti ancora vivi la foto del gruppo. Così di anno in anno, fin che resteremo in cinque, in quattro, in tre. Poi ci

ridurremo a una coppia di vecchi sostenuti da gruc-
ce e bastoni. Infine ne rimarrà uno solo, uno spettro
di magari cent'anni, povero dinosauro sopravvissu-
to a tutte le glaciazioni, ombra avvinghiata al tavolo
che la morte s'ingegnerà a strappare.

Il lettore comune, fin dai tempi dell'*Ulisse* di Joyce e
più recentemente ai tempi dell'*Horcynus horca*, quando sente dire che è uscito un libro molto difficile,
che richiede per essere letto un livello superiore di
cultura, si affretta a comperarlo. Non per leggerlo,
ma per tenerlo in salotto o nello studio allo scopo di
impressionare favorevolmente i visitatori, i quali
appena scorgono il celebrato volume schioccano le
dita e dicono dentro di sé: "Caspita! Questo sì che sa
scegliere!". Uscendo, passano in libreria e comprano
anche loro il medesimo libro per ottenere lo stesso
effetto quando avranno delle visite. Sono capaci di
andare al caffè con quel libro sotto il braccio, pur di
far vedere alla gente che razza di cultura hanno.
Quanti professionisti, intellettuali, uomini politici
di alta estrazione, operatori dell'industria, confessa-
no sottovoce di essere lettori solo dei quotidiani, di
qualche rotocalco, ma soprattutto di libri gialli.
Naturalmente, i libri gialli li tengono nel comodino,
dove una volta si riponeva il pitale. Sul piano di quel
mobiletto, come *livre de chêvet* tengono qualche clas-

sico e più comunemente i libri difficili, dal titolo fascinoso. Non è neppure escluso che in libri come *Ulisse* abbiano qualche volta messo gli occhi. Ma solo per persuadersi che è roba da tenere in mostra e non da leggere.

Mi capita spesso di sovrapporre, nella memoria e nel ricordo, Enrico Falqui a Diego Fabbri o viceversa. Fabbri e Falqui sono nomi che si richiamano e possono confondersi in uno solo per chi, come me, venera entrambi quei due uomini di lettere, ormai scomparsi. Fabbri mi è tornato in mente quest'estate al "Campiello" vedendo al suo posto, sul banco della giuria, Lorenzo Mondo, che è stato chiamato a sostituirlo in quel consesso. La giuria del "Campiello" è simile all'arco della vita: si rinnova ormai solo per morte e sembra riflettere, nella sua composizione periodicamente integrata, l'immagine della sorte umana, con l'alternarsi delle figure al sommo della curva e il cadere, ogni tanto, di qualcuna nel baratro del nulla.

Di Falqui ho memoria più lontana, di un ultimo incontro a Catania, in un'altra giuria letteraria. Negli intervalli andavamo a spasso insieme per via Etnea. «C'è stato uno» mi disse un giorno passeggiando «qui al Premio, forse un giornalista, che si è permesso non solo di darmi del tu, ma anche di chiamarmi Enrico. L'ho messo subito al suo posto.

Solo Gianna [la Manzini, che viveva con lui] mi può chiamare Enrico, come mi chiamava mia madre. Nessunaltro, neppure gli amici.»

Quella strenua tutela del suo nome, da riservare solo alla madre e alla compagna, mi parve un fatto positivo, un argine contro il dilagare del tu e della confidenza eccessiva tra semplici conoscenti. Avevo sempre pensato che l'abbracciarsi, il baciarsi, il darsi del tu tra amici occasionali o momentanei, fosse un gesto di poco carattere, di abbandono della propria identità e di una scarsa personalizzazione di sé, caratteristica non degli eguali ma degli schiavi. Falqui, col suo ritegno, me lo confermò, anche per dar senso al tu che correva fra di noi, benché non dal primo incontro. Caro Falqui, con quel suo orgoglio d'uomo incontaminato! Lo rivedo, in via Etnea, a Catania, quando nel riferirmi del bischero che l'aveva interpellato chiamandolo per nome, si arrestava, si accendeva in viso e si sdegnava per un momento, senza lasciar capire se scherzasse o se parlasse seriamente.

La sua scomparsa dalla scena più povera e sconclusionata della critica, che non si capisce più se sia monopolio dei giornalisti, dei critici accreditati o di professori universitari, ha segnato un ulteriore momento di decadenza del costume letterario. Perciò il suo ricordo resta, insieme a quello di Fabbri, come quello di due galantuomini d'altri tempi, ancora capaci di dar senso e sostanza alla letteratura del nostro tempo.

Se tornasse l'amore dei cimiteri che era in voga un secolo fa, se i piccoli camposanti di Morcote, di Portofino o di qualche altro angolo privilegiato del mondo dovessero ancora venir vagheggiati da illustri personaggi come luoghi per la loro ultima dimora, quello dell'Isola Pescatori sul Lago Maggiore diventerebbe il più ricercato.

L'isola intera è lunga un centinaio di metri e larga, al centro, la metà. Nel suo mezzo, in un campicello grande quanto un appartamentino per due persone, si allineano pochi tumuli, segnati da piccole lapidi posate per terra. Sul fondo, un paio di modeste edicole custodiscono i sepolcri privilegiati delle famiglie Zanetti e Zacchera, le più cospicue dell'isoletta, diventate facoltose ottant'anni fa, col lavoro all'estero.

Fra quelle tombe, dove riposano due mogli straniere di due Zanetti, Sara Aspinall e Anna Wolfenden, spicca quella di Vittorio Zanetti, con una lapide nella quale appare cancellato un rigo. L'obliterazione non dev'essere stata facile, perché l'incisione delle parole nel marmo dovette prima venir livellata con un mastice, poi coperta con una vernice dorata.

Così ridotta, la lapide propone al visitatore un piccolo enigma. Vi si legge: "Vittorio Zanetti – nato a Cameri l'8.10.1868 morto il 15.2.1932 a Milano – cittadino, patriota fervente, integro...". Segue la riga cancellata, poi l'iscrizione continua: "... marito, padre, nonno amoroso".

Quale poteva essere la lode cancellata? Come è

potuto avvenire che la resipiscenza degli eredi sia giunta al punto di ritirare un elogio già affidato alla perennità del marmo?

Guardando bene, a luce radente, ora che gli anni hanno infossato di qualche millimetro il mastice, la riga, torcendosi nei suoi barbagli d'oro come la fiamma di Ulisse e Diomede nell'inferno di Dante, parla e si rivela: "fascista tra i primi".

Ecco il gran rifiuto degli eredi, manifestato forse in un momento difficile del 1945, per allontanare dai discendenti le conseguenze tardive di un patriottismo sbagliato o almeno non più valido e ormai controproducente.

Gli amici morti è come se non fossero mai nati, mai esistiti. Ho cancellato, per non soffrire inutilmente, il loro ricordo. "Voi" dico quando mi vengono in mente "che fate qui? Chi vi ha chiamati? Io non vi conosco." Allora mi guardano addolorati, lasciano cadere le braccia e non rispondono. Sanno che li riconosco, che ho stampato in mente, col loro nome, il loro viso, la loro voce. Ma si ritirano. Non insistono. Hanno pietà di me, che sono vivo. Io invece non ho pietà di loro, perché non soffrono, perché non sono soli. In verità non sono solo del tutto nemmeno io: di amici vivi ne ho ancora quattro o cinque. Ma li studio con diffidenza, come traditori che stiano per abbandonarmi. Quando sono con uno di loro, lo guardo di sottecchi e dico, dentro di me: Non me la conti, vecchio birbante! Mi dici che va tutto bene, che gli esami, quelli clinici, hanno avuto un buon esito, che c'era solo un'ombra nella radiografia, magari un bottone di camicia inghiottito per sbaglio, con la minestra. Invece te ne stai andando, in punta di piedi. Fra un mese o due ti ritroverò sul giornale: "Si è spento..." oppure "È mancato ieri..." o meglio ancora "Ieri ha cessato di battere il cuore generoso di...".

I parenti del mio amico Severino avevano addirittura trovato un'immagine piacevole: "Ieri è tornato alla casa del padre, Severino...".

Un altro, degli amici rimasti, mi racconta certe sue prodezze che non sto a dire. Come se avesse trent'anni! «Ho fatto qui, ho fatto là». Ma non è per farmi invidia. È solo per coprire la sua fuga. Anche lui probabilmente sta per andarsene.

«Bravi!» diceva mio padre quando, in età, vedeva morire i suoi amici e conoscenti uno dopo l'altro. «Bravi! Ve ne andate tutti, con lo sberleffo. Ma fate bene. Tanto, che abbiamo più da dire tra di noi? Raccontarci delle malinconie? O peggio, delle bugie? Andate, andate. Finisco questo mezzo "toscano", poi vengo anch'io.»

Li mandava avanti, sperando di non raggiungerli mai. Quando gli riferivano che anche il tale o il tal altro se n'era andato, diceva: «Cosa volete? La gente muore». Come se lui non avesse nulla a che fare con quelli che morivano. Così gli fu possibile scongiurare la partenza fino a novantasei anni e poi di andarsene insensibilmente, fingendo di dormire.

Chi tiene conto delle esigenze di coloro che sperano nella sorte, se non la cabala, che cura di fornire i numeri per tradurre i sogni in ambi, terni e quaterne? Ma quale cabala è sicura? La barese, la siciliana o la napoletana? In fatto di cabale, c'è gran confusione. Il letto, per esempio, secondo mio padre faceva 4 e se occupato 5. Il "Gran Pescatore" ancora oggi mette 83. Il revolver farebbe 7, ma stando al "Pescatore" 60.

A quando l'unificazione delle cabale o *smorfie*? Si dovrebbe stabilire per legge la *smorfia* ufficiale. Ma anche gli specialisti di scienze occulte dovrebbero applicarsi alla compilazione di una *smorfia* comparata.

I botteghini del lotto hanno sempre tenuto a disposizione dei clienti una *smorfia* o libro dei sogni. I giocatori entravano al Banco con lo sguardo assente e l'aria intontita, quasi fossero ancora avvolti nel sogno della notte. Chiedevano la *smorfia* e cercavano i numeri. Se avevano sognato un pozzo, segno di cattiva fine, si annotavano il 66. Se intorno al pozzo c'era un prato che voleva dire abbondanza, il numero era il 68. Se dal prato si fosse alzata una quag', segno indubbio di fortuna, il numero era l'80 terno era fatto: 66, 68 e 80. Che poi non uscisse neppure alla terza giocata, era normale.

La *smorfia* indica ma non determina. D'altra parte, il vero giocatore di lotto non ha bisogno di vincere. Gli basta, alla domenica, il sottile piacere di leggere i numeri usciti sul giornale, ruota per ruota, magari coprendoli con un foglietto per vederli uno per volta, come il giocatore di poker che spilla le sue cinque carte a frazioni di millimetri. Il giocatore guarda sempre le uscite, anche se non ha giocato, perché tiene d'occhio i ritardi, le ripetizioni e le combinazioni straordinarie. I severi educatori del popolo d'una volta vedevano il lotto come una tassa sugli imbecilli perché non capivano le sottigliezze psicologiche del gioco, la sua misteriosa presenza nella vita degli uomini e i suoi legami col mondo occulto. Ecco perché bisognerebbe distribuire la *smorfia*, diffonderla nelle scuole, metterla, come la Bibbia, sul comodino nelle camere d'albergo. La *smorfia* è un libro essenziale il cui nome viene certamente da Morfeo, dio del sonno, cioè dell'emisfero notturno, popolato di sogni, di rivelazioni e dei segni dell'aldilà.

La *smorfia* viene chiamata anche cabala, dall'ebraico *Qabbalah*, che vuol dire tradizione e indica la corrente tradizionale del misticismo ebraico. Nell'uso comune cabala significò interpretazione mistica o magica di dottrine religiose o filosofiche, quindi imbroglio, raggiro, artifizio, perché interpretando è empre possibile gabbare, infinocchiare. Giacomo sanova, in una *referta* dello spione Manuzzi al Tribunale Segreto della "Serenissima", veniva indicato come "gran cabalon". Il Casanova più tardi introdusse il gioco del lotto in Francia, perfezionando la proposta dei fratelli Calzabigi. Fu anche giocatore e vinse un terno. D'Annunzio credeva addirittura possibile giocare sul sicuro, tanto è vero che un giorno mandò trenta lire al direttore del "Corriere della Sera" Albertini perché gli giocasse un terno secco, convinto che l'amico avrebbe trovato modo di far uscire i numeri da lui giocati. Fino agli ultimi anni tentò la sorte col lotto, anche quando poteva attingere largamente alle casse dello Stato. In un suo cassetto, al Vittoriale, si sono trovati rotoli interi di polizzini. Segno che anche il lotto è un vaticinio e può quindi interessare i vati.

"*La vita / non è che questo tremendo, cupo, battere / del cuore.*" È una delle evidenze affermate da Quasimodo nelle sue poesie, ovvia, come tutto quanto è enunciato nella sua opera, che a parte i lirismi, è tutta una serie di asserzioni lapidarie espresse col tono sacerdotale che è proprio dei seriosi, dei vati: per essere precisi, dei coglionissimi vati, benché Quasimodo, come d'Annunzio e altri vaticinanti, non fosse un coglione ma un coglionatore. Coglionò infatti i critici, poi i lettori e infine gli svedesi, diventando Nobel prima di Montale e al posto di

Ungaretti. Ma a parte tutto questo, è vero che la vita è "questo tremendo, cupo, battere del cuore". Ed ecco che con una asserzione perentoria Quasimodo ci trae un'altra volta in inganno, come col famosissimo "Ognuno è solo sul cuor della terra − trafitto da un raggio di sole − ed è subito sera", che ricorda l'avvertimento "Chi tocca i fili, muore", un capolavoro assoluto di concisione, di essenzialità, sfuggito alla poesia del Novecento e confinato sui tralicci dell'ENEL.

La vita è dunque un battito, una pulsazione. Tutta la vita: quella dell'uomo e quella dell'universo. Tanto che, quando si ascolta un battito regolare, anche quello minimo dell'orologio, si sente in arrivo la morte, che è la possibilità, l'imminenza della cessazione del battito. Quasimodo, da poeta, ha aggettivato: "cupo, tremendo".

Tempo fa un medico, giudicando necessario controllare la mia circolazione sanguigna periferica, mi ha applicato all'inguine un rivelatore acustico che terminava in un apparecchio pieno di spie e di quadranti. Girando un bottone, il medico aumentò di colpo il volume sonoro del mio battito e la stanza si riempì di un ansito veramente cupo, tremendo. Pareva di sentire una locomotiva sotto pressione, il respiro intero della terra, la pressione e decompressione di un gigantesco organismo. E non era che il mio poco sangue, la piccola giostra del mio sangue. Se ci fosse un apparecchio per registrare il battito degli spazi dove scoppiano le *novae* e si sfasciano le galassie, un apparecchio che invece di moltiplicare il rumore lo riducesse fino alla misura dell'organo auditivo umano, si potrebbe auscultare, forse, il battito dell'universo. E subito un vate direbbe che ha sentito battere il cuore di Dio.

Il ritorno di Giuseppe Prezzolini, dopo il volontario esilio in America, non venne salutato da nessuno. Un equivoco, forse soltanto una certa diffidenza, pesava su di lui e lo teneva fuori dal modesto fermento intellettuale di quegli anni. Nessun grande quotidiano gli offrì le sue colonne. Prezzolini allora, accentuando l'acidità nativa, divenne sempre più aspro e difficile, al punto di ripudiare una seconda volta l'Italia con la scusa delle Poste che non funzionavano. Si domiciliò a Lugano. In Italia andava solo, come disse al presidente Pertini la primavera scorsa, per comperare la verdura. Nei primi anni, ci veniva, anche con l'auto guidata dalla moglie, per pranzare in trattoria a buon mercato. Lo trovavo ogni domenica dal Pelandella, a Runo, una località sopra Luino, a due chilometri dal confine. Era uno spasso stare a tavola con lui, sentirlo parlare del Carducci col quale aveva giocato a tressette, di Papini, Soffici, Croce e Cecchi, di tutta l'Italia del primo Novecento che aveva conosciuto, odiato o amato a modo suo. Era polemico, tagliente, amaro, ma aveva una strana amabilità, di tipo non italiano, che attraeva. Forse aveva assunto, per simbiosi, gli umori del suo Machiavelli. A farmelo conoscere di persona, nel 1968, quando si era appena stabilito a Lugano, era stato Vanni Scheiwiller. Da allora frequentai Prezzolini con una certa regolarità. Mi interessava capire un uomo del suo genere, che non amava gli italiani in particolare e gli uomini in generale, a cominciare da se stesso. Parlava male di tutti, ma aveva l'arte di escludere i presenti, al punto da sembrar cordiale e bonario. Pranzai qualche volta con lui a casa sua, a Lugano, in via Motta. Aveva una passione per le olive nere, che andava a comperare a Ponte Tresa. Dell'Italia, in sostanza, amava solo Machiavelli, qualche verdura e le olive. Del resto gli importava poco. Immagino quanto poco gli importassero, passati i cento anni, gli onori tardivi che gli rese la nostra repubblica. Neppure la lettera di papa Montini l'aveva smosso dal suo scetticismo, che era quello degli italiani del Rinascimento: il più duro e il più funesto che si sia mai registrato. Per Machiavelli, "lo Stato che non crede" deve aiutare l'istruzione religiosa, che insieme alle armi è il fondamento d'ogni ordine. Non credere in nulla, ma far credere il popolo è la morale che Prezzolini trova nel Machiavelli, come atteggiamento di disprezzo sovrano dell'uomo. Un disprezzo che condivise fino all'ultimo e che resta una sua godibile eredità. Ma chissà che sotto le sue invettive non si nascondesse, come in Machiavelli, un disperato amore per l'Italia.

Biagio Marin è ormai tutto proteso fuori dalla vita e addirittura fuori dalla terra, non perché egli sia convinto che Dio gli tende le braccia per accoglierlo, ma solo per anestetizzarsi spiritualmente in vista della morte che sente ormai vicina. Quel suo parlare di Dio, così alto e teso, quel suo sentirsi già sollevato da terra e librato verso il cielo, mi ha fatto pensare a un processo di sublimazione dell'essere, a una specie di assottigliamento e di vanificazione inventato per eludere la morte, la quale si presenta normalmente come una frattura violenta e non come un passaggio graduale al nulla oppure a quel che ci potrebbe essere dopo la vita. Perciò la mia attenzione, attraverso Marin va non tanto alla sua religiosità quanto ai vari sistemi escogitati dall'uomo per annullare la morte. Mio padre per esempio l'aveva personalizzata in una vecchia, invisibile ad occhio nudo, ma che egli poteva sentire con un sesto senso che gliela segnalava appena entrava nella sua zona vitale, cioè in casa sua o nel suo giardino. Quando gli pareva di sentirla intorno, eseguiva dei travestimenti o delle sostituzioni di persona che ingannavano la vecchia. Una volta, come si legge in un mio racconto, avendola sentita vicina al suo letto, ne sgusciò fuori rapidamente, andò in cucina, prese il gatto, lo mise al suo posto nel letto poi andò a nascondersi nel bagno. Quando uscì dopo un quarto d'ora, trovò che il gatto era morto là dove lo aveva posato, nell'incavo che aveva lasciato il suo corpo in mezzo al letto. Pianse la morte del gatto al quale era molto affezionato, ma ebbe la soddisfazione di aver beffato ancora una volta la megera che lo andava perseguitando e che riuscì a sorprenderlo solo dopo che aveva passato i novantasei anni.

1983

Ho creduto, nei primi anni di scuola, che Finisterre fosse un bel nome portoghese o spagnolo, dato a un capo estremo dell'Europa, verso l'Atlantico, senza pensare che la parola in sé avesse un significato, come lo ha per esempio quello che indica il Capo Spartivento. Non pensavo neppure che Finisterre fosse l'unione di due parole latine: *finis terrae*, e tanto meno che quel nome indicasse il punto dove gli antichi credevano finisse la terra. Quando avrei potuto dedurlo facilmente anche senza il soccorso del latino, avevo già accettato la parola unica Finisterre come un nome qualsiasi, simile a Gibilterra o altri del genere.

Ci volle Montale, col libretto di poesie uscito a Lugano nel 1943, per riportarmi davanti la parola Finisterre in tutto il suo terribile significato di fine della terra non come termine geografico, ma come distruzione, fine del mondo.

Ancora oggi, rileggendo la breve poesia montaliana ormai assorbita ne "La bufera e altro", intravedo il roccioso promontorio come estremo limite d'Europa e quindi del mondo che per me ha senso.

Ancora oggi sento che "la sera si fa lunga" e che "la bottiglia dal mare" col suo messaggio di salvezza non è ancora giunta e forse non si vedrà mai, sui flutti che si rompono "sulla punta, a Finisterre".

Proust, nei suoi scritti contro Sainte-Beuve, sostiene che il grande critico francese era in errore quando riteneva che per giudicare un'opera bisognava fornirsi di tutti i ragguagli possibili sull'autore, interrogare le persone che lo conoscevano, venire a sapere quali erano i suoi vizi e le sue virtù. Un libro, secondo Proust, è il prodotto di un io diverso da quello che si manifesta nelle abitudini dell'autore, nella sua vita sociale, nei suoi stessi vizi. Un tale io, è possibile attingerlo solo nel profondo dell'essere. L'io che produce l'opera d'arte può rimanere offuscato dall'altro io, molte volte inferiore a quello di comuni persone.

Che l'opinione di Proust sia più che buona, è dimostrato dalla vita e dal carattere di molti poeti. Il Foscolo, il Leopardi e forse anche molti poeti contemporanei, come uomini possono risultare detestabili, mentre la loro poesia è indubbiamente di alta qualità e configura un carattere ben diverso e certamente superiore a quello che essi hanno potuto dimostrare nei giorni della loro vita. «I poeti» dice

Giancarlo Vigorelli «è meglio non conoscerli di persona.»

Quasi per dare una mano alla soluzione del problema della fame nel mondo, è nato di recente il piacevole e spiritoso "Mensile del cibo e delle tecniche di vita materiale" che si intitola "La gola". Lo curano, fra gli altri, Nanni Balestrini, Francesco Leonetti e Antonio Porta, che tramontati come sperimentalisti delle lettere, risorgono come sperimentalisti della principale fra le tecniche di vita materiale, che è quella dell'alimentazione.

«Mangiare!» è il grido più antico dell'uomo. La crapula è stato il sogno di milioni d'affamati, così come la dieta è oggi la sola speranza di milioni di obesi. Ma la civiltà, cosa ha saputo fare del mangiare! E cos'è stata nei secoli l'arte culinaria, benché destinata a finire, quando tutto va bene, in "umile e triste loco"!

"La gola" non celebra i fasti pantagruelici dei grandi mangiatori, ma studia tutti i problemi dell'alimentazione con serietà, pur non trascurando gli aspetti pittoreschi del mangiare, la storia dei cibi e perfino di certe malattie come l'anoressia, legate alla funzione nutritiva. Mancava, nell'arengo delle lettere, dopo la pornografia ormai scaduta, il mito dell'apparato digerente.

Il 10 febbraio scorso si è spento a Milano, improvvisamente, Vittorio Sereni, il poeta nel quale si è riconosciuta l'ultima generazione creativa di un secolo che sta finendo, gradatamente, nel silenzio della poesia, che è come dire nel silenzio dello spirito.

> *Ecco le voci cadono e gli amici*
> *sono così distanti*
> *che un grido è meno*
> *che un murmure a chiamarli*

aveva scritto chiudendo il suo primo libro, *Frontiera*.

Sereni è stato sepolto a Luino, suo e mio dolce luogo nativo, il 12 febbraio: una giornata di quelle nelle quali può culminare la vita di un poeta. Il nostro paese gli aveva preparato uno scenario di lago azzurro, di nubi argentee, di nevi bianchissime sui monti, chiuso in un cristallo di gelo. Tre anni or sono, in una giornata simile, a Luino dove ci si incontrava ogni mese, assorto nella luce di gennaio Sereni aveva iniziato, quasi tentando una corda segreta, una poesia che può essere collocata in un punto qualsiasi della sua opera, perché non appartiene a uno svolgimento qualsiasi, ma solo al tono più profondo e sommesso della sua voce:

> *Stavo giusto chiedendomi se fosse*
> *argento di nuvole o innevata sierra*
> *cose di cui tuttora sfolgora l'inverno...*

Quei versi apparvero sull'*Almanacco luinese "La Ro-*

tonda" che dal 1979 avevamo cominciato a fare insieme con Claudio Barigozzi, Daniele Piccardi e Bianca Bianchi, dichiaratamente per "legare la storia e la vita di una piccola città al tessuto culturale della nazione", ma inconsciamente per scendere insieme alle radici del luogo nativo e cercarvi, ognuno per proprio conto, il segno primo dell'esistenza, la spiegazione di noi stessi attraverso quel frammento d'universo che ci era toccato in sorte o che avevamo meritato di possedere, anche per poco, per il breve tempo della vita.

Il 18 gennaio di quest'anno, l'ultima volta che il nostro piccolo gruppo si era riunito a Luino, Vittorio ci aveva consegnato un dattiloscritto di sette pagine per il prossimo numero della "*Rotonda*", quello che uscirà a dicembre con la data del 1984: un anno che non apparterrà più alla sua storia. «Leggetelo» aveva detto. «A me pare un po' troppo personale. Forse non va bene per la "*Rotonda*"...»

L'ho letto dopo la sua morte. Comincia con questa frase: "C'è stato per me un tempo di spiccata predilezione per l'inverno...". Poi continua: "Per un certo periodo l'inverno entrò nelle metafore che andavo tentando... Dev'essere stato fra la fine del '36 e l'inizio dell'anno successivo, in occasione di un mio ritorno dalle nostre parti dopo molti anni di assenza. Smettila di corteggiarmi — disse al viaggiatore il paesaggio innevato su tutta la sua estensione — smettila di starmi attorno con parole. Sopraffatto dallo sfavillìo della giornata di sole sopraggiunta sull'intero arco montuoso fulgido di neve, vivevo uno di quei momenti di completezza, di piena fusione tra sé e il mondo sensibile, grazie e di fronte ai quali lo spirito desiderante si appaga di se stesso, rifiuta i contorni, sdegna ogni soccorso specie di parole — dissuaso com'è dal cimentarsi nella sfida che lo sguardo gli propone".

Dopo questo *incipit*, scritto certamente tra il dicembre dell'anno scorso e il gennaio di quest'anno, per sei pagine fitte, lucide e smaglianti, Vittorio si inoltra in un esame degli effetti che la poesia di Montale aveva prodotto su di lui e sul nascere e il formarsi, a quel confronto, della sua propria forma poetica. Vi è, spiegata per la prima volta nei suoi nessi ispirativi, la struttura originale di alcune delle sue più famose poesie, da "Inverno a Luino" e "Terrazza", fino ai quattro memorabili versi:

> *Sul lago le vele facevano un bianco e compatto poema*
> *ma pari più non gli era il mio respiro*
> *e non era più un lago ma un attonito*
> *specchio di me una lacuna del cuore*

Il lungo scritto di Vittorio termina con un preciso cenno al ritorno verso quelle ispirazioni, col nascere della nostra rivista luinese "*La Rotonda*", visto come "un nuovo capitolo, tutt'ora in corso", venuto ad aggiungersi alle sue lontane suggestioni luinesi. "Non è la prima volta", dice nelle ultime righe "che un fatto in apparenza esteriore comporta conseguenze profonde e che queste lavorano dentro di noi".

Lo scritto di Vittorio Sereni che il fascicolo 1984 della "*Rotonda*" gelosamente custodisce, aprirà, in sua memoria, quello che sarà probabilmente l'ultimo numero di queste effemeridi luinesi nelle quali lui aveva creduto come ad un luogo di confessioni segrete, di intime risonanze, di quella "che non è e non ammette di essere" una fantasia, ma che invece, anche in così umile veste e in così appartata sede, "si sforza di essere", sono parole sue, "percezioni di realtà che fermenta e prolifera".

Così possono ricordare Vittorio Sereni quelli che gli sono vissuti vicino, vale a dire chiunque si sia accostato alla sua poesia, perché questo è il privilegio dei poeti: essere intimi e quasi confusi insieme a chi, in ogni tempo e in ogni luogo, cerchi se stesso nelle loro parole.

L'immagine sfavillante di sole e di gelo, di nevi e di nuvole che Luino offrì a chi lo accompagnava nell'ultimo viaggio, ha tutto il peso e il significato che lui sapeva dare a un nome, a un oggetto, a un'ora del tempo. Come ogni cosa da lui nominata, il paese, il paesaggio, un colore, un qualsiasi strumento umano, diventa parte viva dell'esistenza di tutti, della vita universale. Per questo elementare prodigio che è concesso solo ai veri poeti, il suo ricordo, così strettamente legato ai suoi versi, non è un labile rito commemorativo, ma un segno profondo dell'essere, un continuo e allarmato messaggio.

Uno dei più famosi avvocati napoletani dei primi anni del secolo, vale a dire dei tempi di Marciano e di De Nicola, trovandosi un giorno a difendere in Corte d'Assise un assassino non confesso, dopo essersi battuto come un leone, rendendosi conto dell'ineluttabilità della condanna, chiuse la sua perorazione con un patetico appello alla Corte e ai giurati: «Signori della Corte, signori giurati! Noi cadremo, ma come le aquile: con le ali aperte e gli occhi fissi nel sole!».

Adoperava il noi, seguendo l'uso dei vecchi penalisti che, per vezzo, amano durante il processo farsi tutt'uno col loro cliente. Il presidente della Corte stava già per ritirarsi insieme ai giudici e ai giurati in sala di consiglio, quando il procuratore di parte civile, un povero avvocatuccio di provincia che veniva da Benevento o da Avellino, alzandosi chiese timidamente al presidente di usare della sua facoltà di replica per pochissime parole che intendeva dire. Magistrati e giurati, già in piedi, si soffermarono a malincuore per ascoltarlo.

«A noi» disse l'avvocaticchio adoperando anche lui il plurale «importa soltanto che i nostri avversari cadano. Circa la posizione da assumere, si possono accomodare come vogliono.»

L'ondata di retorica che era partita verso il banco della giustizia si arrestò di colpo e refluì. Giudici e giurati furono unanimi nel votare l'ergastolo.

Nel *Voyage autour de ma chambre*, Xavier de Maistre dice che la natura, quando siamo giovani, ci presenta degli aspetti che non ritroviamo più nell'età matura. Perfino i boschi hanno per noi, nell'età giovanile, dei sentieri che poi scompaiono.

Chi ha cancellato quei sentieri? Nessuno. Semplicemente, non sono mai esistiti. Siamo noi, che nel corso degli anni abbiamo creato prospettive di alberi o di prati e abbiamo disegnato sentieri o radure, per dare uno sfondo ai ricordi. Le immagini liete di gioventù si consumano col tempo e per non perderle noi lavoriamo a ricostruirle continuamente. Quando ci accade di ritornare sui luoghi dove siamo stati giovani, l'ambiente naturale che troviamo non corrisponde a quello che avevamo finito con l'assegnare ai nostri ricordi. Abbiamo allora l'impressione che gli aspetti di natura, cioè boschi, sentieri, rive, siano mutati.

Molti anni or sono, aggirandomi per certe strade di Losanna, tra Ouchy e la stazione, luoghi nei quali avevo avuto vicende di gioventù, mi avvenne di pensare due versi. Non una poesia ma solo due versi, che ricordo ancora:

Se queste sono le strade di allora,
come è cambiato il mio cuore!

Il critico, l'onesto critico che esamina l'opera d'arte, poesia, romanzo, quadro, scultura o anche composizione musicale, al fine di descriverla e facilitarne la comprensione, è stato ormai da tempo cacciato di casa dai semiologi, che valendosi di alcune vecchie trovate hanno fatto, per esempio della critica letteraria, uno strumento di tortura col quale tagliuzzano opere d'ogni genere, dall'orario ferroviario al libro di poesia, non per cavarne un giudizio di valore, ma solo per sperimentare coltellini d'ogni foggia e altri loro strumenti. Qualcuno, coi frammenti ottenuti, è riuscito perfino a montare un romanzo e a venderne molte copie. Ma ora, contro la banda dei semiologi, pare che serpeggi la rivolta del buon senso e dell'intelligenza. È cominciata, pare, la disintossicazione e non accadrà più che un filologo si innamori della prosa di un questore, o che un semiologo scopra un poeta tra i formaggiai. O meglio, avverrà ancora, ma nessuno vi farà caso, perché quello che veniva spacciato per un metodo scientifico non era in verità che la scimmiottatura dei procedimenti adottati per le ricerche sulla materia. Che dei laboratoristi della letteratura si prendessero l'arbitrio di esaminare coi loro strumentini dei prodotti dell'ingegno, era troppo. Ed ecco, è venuto il controcanto. Bisogna riconoscere tuttavia che da una ventina d'anni almeno, non si sapeva più a quale modello rapportare l'arte nuova, a quale sistema di valori, a quale modulo estetico o morale. Della confusione generale i semiologi hanno profittato per mettersi a cercare il pelo nell'uovo, a spremere vuoti concetti, ad escogitare un nuovo marinismo che li mettesse all'onor del mondo, togliendoli dal loro modesto ufficio, che è quello di allestire la miglior edizione possibile dei testi antichi, di compiere ricerche e accertamenti e di fornire elementi alla storia della letteratura.

Pare che la "briaca turba di fanatizzati", come scrive Eugenio Motta nella sua *Bibliografia storica ticinese* (Zurigo 1879), che mise a sacco, a Lugano, la Tipografia Agnelli nei noti moti ottocenteschi, dopo aver distrutto i torchi e dispersi i libri, abbia adoperato i caratteri di stampa per caricare gli schioppi, in mancanza d'altro piombo. E non fondendoli per ridurli a palle, ma pigiandoli nelle canne dei fucili come materiale da mitraglia. Se fosse vero, e se quella munizione avesse avuto impiego, si potrebbe pensare che qualche insorto dev'essere caduto sotto cariche di caratteri, sforacchiato dalle lettere maiuscole e minuscole, dai punti e dalle virgole. Morte ideale, per uno scrittore o per un poeta.

«Grazie dell'ascolto» dicono i mezzi busti delle televisioni, per un eccesso di cortesia, come chi dopo aver reso un servizio ringraziasse chi l'ha ricevuto. Che sia per farsi perdonare le papere, le incompletezze, la fretta? Qualche volta, anche la faccia o la cravatta, la pettinatura, il raffreddore, in una parola l'aspetto non sempre gradevole, anche quando si tratta di annunciatrici, magari imbellettate oltre misura, abbigliate fantasiosamente o insinuanti e maliarde, dalla voce carezzevole e dagli ammiccamenti birichini.

Queste, del resto degne, persone, che ci vengono in casa più volte al giorno, sono ormai come dei familiari o almeno dei fornitori abituali, accettate passivamente ma non senza qualche insofferenza. I loro occhi fissi nei nostri e nello stesso tempo in quelli di milioni d'altre persone, quando non sono chini sui fogli che hanno davanti, ne hanno fatto delle presenze consuete, benché senza anima, tanto che quando uno di loro scompare dagli schermi, cambia mestiere o rubrica, non ne notiamo neppure la mancanza, anzi, ci sentiamo sollevati pur sapendo che un altro non migliore si avvicenderà su quella sedia, prorromperà nel nostro tinello e prenderà la parola fino al solito «Grazie dell'ascolto».

Mia madre mi raccontava che ero nato a mezzogiorno, col sole che entrava dalla finestra. Mio padre aspettava fuori della porta, in corridoio. Quando la levatrice gli disse che ero un maschio, volle vedere coi suoi occhi. Poi se ne andò in piazza, a guardare il lago, volgendo le spalle al paese per nascondere a tutti la sua gioia.

«Ma Gesù» chiedevo «che è nato a mezzanotte e in una grotta, come avrà fatto San Giuseppe a vedere che era un bambino?»

«Avrà avuto un lume, uno di quei lumicini a olio d'una volta» rispondeva mia madre.

Il fatto d'esser nato alla luce del sole, non mi pareva una fortuna. Avrei voluto esser venuto al mondo anch'io a mezzanotte, al lume di una candela o d'una di quelle lucerne a petrolio che si usavano allora, quando la luce elettrica non c'era ancora nei nostri paesi. Nascere di notte voleva dire, secondo me, trovarsi già vivi all'apparire del giorno, cominciare con la prima luce a inoltrarsi nel mondo. Nascendo a mezzogiorno mi pareva non solo d'aver perso mezza giornata, ma d'essere arrivato a spettacolo iniziato, come un ritardatario qualsiasi. Poi, se il Signore aveva pensato di far nascere suo figlio a mezzanotte, lui che poteva farlo nascere quando voleva, quella era di certo l'ora migliore.

Non mi confortava, sentir dire da mia madre e da mio padre che ero nato di domenica, il giorno di Pasqua e quindi a primavera.

«La giornata» ricordava mio padre «era fredda e ventosa, il lago tutto bianco di spume. Sui monti, c'era ancora la neve.»

Che Natale fu mai quello, pensavo, spalancato al

sole e al vento, senza un po' d'intimità, privato della protezione del buio e della notte? Mi pareva che il vero Natale fosse solo quello di Gesù, in fondo a una grotta, d'inverno, nel caldo delle braccia materne, avvolto nel fiato dell'asino e del bue, con San Giuseppe di guardia sull'entrata, in attesa dei pastori, che svegliati da un angelo e vedendo la stella scesa sopra la grotta, correvano a vedere.

Trovarono solo un bambino appena nato.

«Tutto qui?» si chiedevano. Ma intanto il cielo si riempiva di angeli «per l'ampia – notte calati a stuolo», come dice il Manzoni, che cantavano «come si canta in cielo».

Quello sì che era un Natale, il solo che poteva contare e al quale mi rimettevo anch'io, povero bambino nato a mezzogiorno, di Pasqua, proprio quando Gesù, giustamente scontento di noi, ritornava a casa sua, in Cielo.

Non è soltanto la rima che obbliga i poeti a deformare le parole, con risultati spesso umoristici, ma anche il ritmo dei versi sciolti. Il Parini, che aveva "scosso il giogo della servile rima" adottando quegli endecasillabi non rimati che avevano irritato il Baretti, nel "Mattino" arriva infatti alla meraviglia di questo verso, che è il centocinquantesimo dello splendido poemetto:

Re Messicani e generosi Incassi

Gli *Incassi*, poveretti, erano gli *Incas*, obbligati ad allungarsi nella misura delle undici sillabe che occorrevano al Poeta per non andare fuori ritmo.

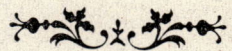

1984

È quasi certo che nei prossimi anni la telematica esenterà dal lavoro una gran quantità di persone. Per raggiungere un alto grado di produzione basterà, a quanto pare, schiacciare qualche bottone. Il lavoro manuale, antica condanna e gioia dell'uomo, resterà documentato nei musei. L'orario di lavoro, che ha già subito nel corso di un secolo forti contrazioni, si ridurrà a nulla. Forse i sindacati otterranno che ciascun lavoratore abbia ad essere occupato cinque minuti al giorno, tanto per giustificare lo stipendio.

Si teme che lo sport, le passeggiate e i vari passatempi non basteranno a vincere la noia, che si presenterà imperiosa ad affliggere la gran parte di ogni giornata.

Ma non è da escludere che con l'avvento della telematica anche i regimi politici abbiano a mutare e che venga un tempo di nuovi Faraoni, i quali, potendo disporre di sterminate moltitudini atte al lavoro, pensino di costruire nuove piramidi o altre opere per le quali occorrano milioni di schiavi. Che l'umanità si avvii verso una nuova schiavitù sembra infatti assai probabile, così come è quasi certo che con la spersonalizzazione dei singoli, si verrà determinando un processo di generale incretinimento, il quale risolverà i problemi del tempo libero.

È già evidente in ogni parte del mondo e specialmente nei paesi più sviluppati, un ritorno al primitivo, alla violenza, alla ferinità: in poche parole, allo stato animale. Da tempo non appare più un Raffaello, un Leonardo, un Marconi e neppure un nuovo Morandi o un nuovo Montale. Le masse conoscono i nomi di tutti i componenti delle grandi squadre di calcio, di tutti i canzonettisti e dei principali attori cinematografici, ma ignorano i nomi dei Premi Nobel per la scienza, non leggono gli autori contemporanei e tanto meno quelli antichi. Si è deciso di ignorare la storia, di rifiutarla addirittura, per vivere nel presente.

Si può tuttavia essere certi che il problema del tempo libero per le future generazioni non si porrà. La gente starà appoggiata ai muri con le mani in tasca o seduta per terra, per ore e ore, come i pinguini. Tranne le formiche e le api, infatti, gli animali non lavorano, eppure campano benissimo e non si annoiano. La noia, sofferenza causata da inerzia o da monotonia, colpisce soltanto l'uomo intelligente e laborioso quando è obbligato a far niente. L'imbecille non conosce la noia e ha bisogno soltanto di vivere. Al che provvederà, appunto, la telematica.

Ma questo non vuol dire che vi sarà una decadenza totale dell'intelletto. Le capacità intellettuali diventeranno, come nell'antichità, privilegio di po-

chissimi individui i quali, per poter vivere indistur-
bati, pascoleranno le masse e le adibiranno, se sarà
necessario, ai lavori pesanti. La vera riserva
dell'umanità non è il petrolio e neppure l'energia
atomica, ma come sempre, gli imbecilli. Per fabbri-
care la reggia di Caserta con le sue 1.200 stanze e gli
immensi giardini, l'architetto Vanvitelli si servì di
alcuni artisti e di un gruppetto di artigiani, ma fece
arrivare 2.000 schiavi dall'Egitto.

Gli oroscopi, i temi natali e la carta del cielo, hanno
mosso in questi anni la stampa e stanno occupando
ormai i programmi televisivi. Segno che molti sono
gli oroscopo-dipendenti, anche se l'osservazione di
certe tabelle induce a qualche perplessità. Risulta
infatti che nel segno di Ariete, che è anche il mio
(21 marzo - 20 aprile), sono nati, fra gli altri, Goya,
Van Gogh, Haydn, Murat, Togliatti, Toscanini,
Von Braun, Leonardo da Vinci, Bismarck, Kruscev,
Charlot, Casanova, Landru, Baudelaire, Santa Teresa d'Avila e Lenin. Personaggi, alcuni, assai distanti
tra loro e tutti con diverse tendenze e destini con-
trastanti. Se si guardano gli altri segni, si trova un
uguale miscuglio, il che sembra voler dire che le
costellazioni sono tutte di eguale influenza e forse di
nessuna influenza nel carattere e nel destino degli
uomini. D'altra parte sono stati gli astronomi a riu-

nire in costellazioni stelle lontanissime tra di loro e a varie distanze rispetto a noi. Pesci, arieti e sagittari non sono che fantasiose immagini poetiche. Tuttavia immaginare, attraverso simili formule, delle coppie come per esempio Murat e Togliatti, Haydn e Toscanini, Von Braun e Leonardo, Landru e Santa Teresa d'Avila, Kruscev e Casanova, Chaplin e Baudelaire, è un curioso esercizio non privo di misteriose analogie.

In una lettera del 25 settembre 1928, Bobi Bazler, acutissimo osservatore, da Trieste, del mondo letterario italiano di quegli anni, scrivendo a Montale dopo la morte di Ettore Schmitz ovvero Italo Svevo, lo rimprovera amabilmente per aver scritto di Svevo in modo che si presta troppo "a far sorgere la leggenda d'uno Svevo borghese intelligente, colto, comprensivo, buon critico, psicologo chiaroveggente nella vita, ecc.".

Bazler, che era un ammiratore incondizionato dello Svevo come romanziere, aggiunge, nella sua lettera a Montale: "Non aveva che genio. Nient'altro. Del resto era stupido, egoista, opportunista, *gauche*, calcolatore, senza tatto. Non aveva che genio. Ed è questo che mi rende più affascinante il suo ricordo. Se puoi, se avrai occasione di scrivere ancora di Schmitz, metti a posto più possibile la leggenda della 'nobile esistenza' (dedicata unicamente — ad eccezione dei tre romanzi — a far soldi): è troppo penosa, è troppo ignobile".

La leggenda infatti non ha mai preso piede. Le recenti biografie dello Svevo non mirano ad illustrare una "nobile esistenza", ma solo una esistenza qualsiasi, benché folgorata da uno straordinario dono narrativo, accolto dallo Svevo tra un affare e l'altro e non senza considerarlo un affare come gli altri. Peccato. Si vorrebbe che uno scrittore, un poeta, un artista, fosse sempre un esempio di vita. Ma è una pretesa senza senso. Basta che sia un buon esempio di capacità artistica. Per il resto è come gli altri. Il Carducci e il Pascoli non erano meno *gauche* di Svevo. Dante era bilioso, il Boccaccio negli ultimi anni bigotto, Michelangelo è morto senza mai lavarsi i piedi, il Tommaseo sputava come un lanciarazzi, il Mazzini era un fifone e, a detta della deputatessa repubblicana Susanna Agnelli, addirittura un vile.

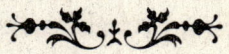

Si racconta che Martin Lutero verso i sessant'anni cominciò a lamentare atroci mali di testa che gli impedivano ogni attività. È un inconveniente assai comune, che colpisce prevalentemente le teste pensanti. Anche Giulio Andreotti è soggetto a giornaliere cefalee, contro le quali combatte a suon di *Optalidon* e di *Tonopan*. Lutero invece fu indotto dai medici del suo tempo a farsi degli impacchi di latte di donna aromatizzato, alternati con impiastri di midollo di cervo oppure di vermi cotti con lo zafferano.

Non risultando efficaci tali cure, Lutero si astenne dal vino e passò alla birra, quella scura che veniva prodotta a Wittenberg. Ma neppure la birra gli giovò. Anzi, è forse da attribuirsi all'abbandono del vino per la "squallida cervogia" l'aggravarsi del suo male, che doveva essere l'ipertensione arteriosa perché gli si indebolirono di colpo il braccio e la gamba destra.

Curato finalmente con polvere di unicorno o corno di rinoceronte, ritenuta il rimedio dei rimedi, morì di ciò che medici definirono "un colpo di sangue" e che noi diciamo più semplicemente un colpo e più graziosamente un colpetto. Lo stesso male che colpì Charles Baudelaire, anche lui menomato al lato destro e anche lui con l'avvertimento dei mali di testa e delle vertigini. Il 23 gennaio 1862 scriveva: "Ho sempre vertigini, e oggi ho avuto un singolare avvertimento: ho sentito passare su di me il soffio dell'imbecillità". Era, probabilmente, il primo *ictus*, che si ripeté un paio di volte e lo liquidò definitivamente a quarantasei anni di età.

È con questi esempi che i medici ammoniscono gli ipertesi, ma in fatto di rimedi contro la morte siamo sempre al latte di donna aromatizzato, ai vermi cotti e alla polvere di corno.

Il penultimo giorno del marzo scorso è morto Luigi Barzini. Uomo di gran carattere, leale, inflessibile, Luigi Barzini ha fornito un'immagine di scrittore, di giornalista e di italiano quanto mai desiderabile, ma purtroppo rara. Fu una sentinella attenta, ai margini d'un territorio pieno di dormienti. Ho un gruppo di sue lettere, brevissime, ma piene di affetto. Aveva accettato, anni or sono, di farmi da padrino a un Premio Bancarella perduto in partenza. Parlò stupendamente, con grande scetticismo e solo per dimostrarmi la sua amicizia. Lo incontravo ogni due o tre anni e vedendolo mi si allargava il cuore. Mi faceva sempre pensare alle sentinelle, di notte, distanti l'una dall'altra, ma che ogni tanto si danno l'allerta per sentirsi deste, attente.

Le sentinelle che segnano una linea, un fronte, stendono un filo invisibile di attenzione, di responsabilità, che presume dietro di loro, un intero esercito. Nel nostro caso, una società intellettuale. Si passano la voce, le sentinelle, si scambiano la parola d'ordine. Ogni tanto una non risponde più, tacitata dal nemico, e si rompe il filo che proteggeva il sonno dell'accampamento. Ma il nemico non si presenta e tutto è come prima, finché al mattino ci si accorge che l'accampamento era vuoto, che c'erano solo le sentinelle, ed erano bastate a dar corpo a un esercito inesistente.

Ha detto bene Cesare Garboli in un'intervista, a proposito del poeta Sandro Penna sul quale sta pubblicando un libro di saggi con alcuni inediti: «Ha vissuto la vita di un animale».

Omosessuale, dissociato, anomalo nella vita e rigoroso nell'arte, Sandro Penna, che aveva affinato il suo linguaggio poetico al punto da costituire uno dei modelli lirici più nitidi del Novecento, viveva infatti in una stanza con le finestre sempre chiuse, fra le sue decennali immondizie. Negli ultimi anni stava quasi sempre a letto, con una stufa elettrica accesa vicino ai piedi, come Cardarelli, che passava tutto il giorno a letto fra due stufette elettriche e sotto una montagna di coperte. Non lavorò mai e si arrabattò a vivere in qualche modo, come rivendugliolo.

Lo conobbi dopo aver letto una raccolta delle sue poesie, intorno al 1950. Mi aveva scritto ringraziandomi d'una recensione entusiastica che gli avevo dedicato su un giornale di Milano. Un giorno, a Roma, mettendo a caso il capo dentro una galleria d'arte di via del Babuino, la galleria di Tonino Chiurazzi suo amico e contubernale, vi trovai G. B. Vicari che mi presentò al poeta. Penna che era seduto dentro una poltrona, si alzò e mi fece gran festa. Non sapevo nulla di lui, e avevo letto soltanto le sue poesie, in particolare una che mi è rimasta sempre in mente:

> *Come è forte il rumore dell'alba*
> *fatto di cose più che di persone*

lo sfiora talvolta un fischio breve
una voce che lieta sfida il giorno
poi nella città tutto è quiete
e la mia stella...

Penna aveva lo sguardo losco e il viso flaccido. La mano che mi diede era umida. Il suo amico Chiurazzi pareva della stessa pasta. Qualche mese dopo, o forse un anno, uscì un suo libretto di poesie, forse da Scheiwiller. Lo lessi avidamente e vi trovai, con disappunto e nausea, i suoi versi sui "freschi orinatoi" e le pesanti allusioni alla sua "diversità", legata non tanto ai sentimenti, quanto a certi dati oggettivi, come appunto i *lieux d'aisance* dove amava sostare. Scrissi, ingenuamente, che ero sempre incantato dai suoi versi, ma che certi olezzi mi sembravano impoetici. Si offese a morte. Mi inviò qualche riga, amareggiato, poi mi dimenticò per sempre mentre io continuai a leggere le sue poesie.

Il libro di Orwell fa parlare molto, in questo 1984 in cui dovrebbero cadere le profezie dell'ex legionario. Che Orwell sia un fortunato e abile scrittore più che un semplice menagramo, pare accertato. Ma il suo profetismo, che azzecca e non azzecca, come quello di tutti gli strologatori del futuro, fomenta un sempre risorgente millenarismo e finisce con lo spargere il terrore in un momento in cui c'è bisogno di serenità. I profeti sarebbero tutti da bandire, perché non hanno mai scongiurato nulla, neppure un raffreddore o un temporale. Quello del profeta è infatti il mestiere più inutile che esista e anche il più facile.

È una cambiale che non scade mai e si rinnova eternamente, quindi il più sicuro degli imbrogli. Mio padre, che credeva ciecamente nel "Pescatore di Chiaravalle" e in particolare nelle predizioni meteorologiche di quel famoso calendario astrologico, era sempre in contrasto con me, che gli facevo notare come certi giorni in cui il "Chiaravalle" metteva pioggia, splendesse il sole.

«Non piove qui dove siamo noi» spiegava mio padre «ma in qualche posto, magari a Novara o a Nocera, piove di sicuro. Il "Chiaravalle" dice "piove", ma non dice dove!» Dello stesso genere sono le profezie, anche le più accreditate. La più incontestabile delle quali è quella della fine del mondo, la quale avviene per ogni singolo con la morte e mai per tutti, come sarebbe più giusto.

«Iddio avrebbe dovuto» diceva mio padre «mettere al mondo gli uomini e le donne tutti in una volta e lasciarli vivere fino alla fine dei tempi, per poi trasferirli, tutti insieme, nella vita eterna. Che cos'è questo andirivieni di nati e di morti, questo ricambio continuo di generazioni? Un pasticcio, nel quale le responsabilità sono incerte e l'ingiustizia regna sovrana. Tutti vivi, perbacco! Per mille, ventimila anni o quel che sarà la durata del mondo. E tutti sani, belli, intelligenti. Perché dobbiamo avere una percentuale d'imbecilli, di gobbi e di canaglie?»

Nella storia della nostra epoca la pipa finirà per avere qualche importanza. I posteri si chiederanno cetamente perché molti uomini, e specialmente uomini politici, comparivano in TV e sui giornali illustrati con la pipa in bocca. Fumavano veramente, si chiederanno, oppure facevano solo mostra di fumare, dal momento che in TV e nelle foto non si vede mai la nuvoletta? Churchill teneva sempre in bocca un *trabucos* o *avana* che fosse, ma spento. Non era fumatore, e il sigaro faceva parte del suo abbigliamento. Che anche gli uomini politici usino la pipa come un *prêt à porter*? E perché? Per sembrare calmi, sicuri, duri, virili? Bisogna anche tener conto del piacere di fumare, che esiste. Infatti la gente comune usa la pipa solo per fumare. Ma c'è l'ostentazione della pipa, della quale bisogna pure tener conto.

Gli ornamenti della testa umana non sono molti. C'è il cappello o copricapo in tutte le sue forme, dalla corona al cimiero, al berretto da ciclista. Ci sono gli orecchini e gli anelli nel naso usati da alcune popolazioni africane. Gli occhiali, e infine la pipa. Ci sarebbero, per la storia, anche le corna, quelle che portavano i vichinghi per far paura ai nemici, ma è un oggetto che entra nella categoria dei copricapi.

La pipa come ornamento? Potrebbe essere, benché la sua cannula nera sia troppo simile a quella della pera per clistere. Il narghilè "somiglia nella versione economica a un clistere", annotava Sinisgalli durante un viaggio in Egitto. Voleva dire a un apparecchio per enteroclismi, che in fondo è la stessa cosa.

Ma la pipa è la pipa: un fuoco acceso a quindici centimetri dal naso, una nuvola di fumo intorno al capo come una specie di suffumigio, un poppatoio per anziani, che fa pensare freudianamente alla persistenza in alcuni individui del timore, infantile, di perdere la tetta. Ci sono individui che per tale persistenza si succhiano il pollice fino a vent'anni. Della pipa, si può dire quel che si vuole e anche sorridere, ma è certo che serve. Consente di stare zitti in mezzo alle persone, di farsi perdonare qualche sputo, di sembrare pensosi, di darsi un contegno e per di più dignitoso, quasi nobile e sempre distaccato. Cosa si può chiedere di più a un cannello d'osso infilato in un bicchierino di legno?

Lungo una spiaggia marina delle più popolate correva una brutta notizia: «È annegato un giovane di venticinque anni».

Da ombrellone a ombrellone, i soliti discorsi:

«Ma come è stato?» «Non si sa.» «È stata una buca.» «Allora non sapeva nuotare.» «Pare si sia sentito male.» «Un malore.» «Possibile che nessuno se ne sia accorto?»

Una signora, d'improvviso domandò: «Di dov'era?».

Un bagnino che passava in quel momento disse: «Era un tedesco».

Bastò perché non se ne parlasse più. Era un tedesco.

L'indifferenza verso il prossimo è proporzionale non solo alla distanza dei luoghi dove avviene una disgrazia, ma anche alla nazionalità dei colpiti.

Tanti anni fa, quando le notizie delle inondazioni in Cina erano cosa normale, alla redazione d'un quotidiano arrivò un dispaccio d'agenzia: «Lo Yang-tse Kiang è straripato allagando vasti territori. I danni all'agricoltura sono ingenti. Ottocento le vittime».

Un redattore capo che aveva in mano il dispaccio la passò a un praticante: «In terza pagina» disse. «Per le vittime, metti ottomila.»

Uno dei più memorabili giudizi su Leonardo da Vinci è quello espresso dal poeta Paul Valéry in un capitolo preposto alla ristampa del suo *Discours sur la*

méthode de Leonard de Vinci. Si tratta di una frase lapidaria e definitiva, di quelle che lasciano il segno: «Quanto al vero Leonardo egli fu quel che fu».

È ben vero che tutti furono quello che furono, ma si può star certi, se lo dice Valéry, che Leonardo lo fu in modo del tutto particolare.

Viene tuttavia il dubbio che un uomo dell'intelligenza di Valéry, esprimendo un simile giudizio volesse adombrare qualche fatto non riferibile. Infatti non allude semplicemente a Leonardo, ma al "vero Leonardo". Per cui Leonardo può essere stato tante cose, ma il "vero Leonardo" dev'essere stato soltanto quello che è stato e nient'altro. Se così non fosse, bisognerebbe pensare che Valéry, nonostante le sue finezze espressive, non dev'essere stato quello che fu, almeno in certi momenti nei quali gli faceva difetto la fantasia.

Del centenario garibaldino in un paio d'anni si è perso il ricordo. Ma al tempo del centenario mi parve il caso di rispolverare un progetto, coltivato con Vanni Scheiwiller una quindicina d'anni or sono. Si voleva raccogliere tutto quanto era stato scritto contro l'Eroe dei Due Mondi in un volume intitolato "Hanno parlato male di Garibaldi".

Con l'aiuto d'un amico di buona volontà cominciai a catalogare il materiale, ma sopravvenne la saturazione commemorativa e il progetto affogò un'altra volta, proprio quando ero riuscito a raccogliere da un maniaco di storia garibaldina una vera primizia: Garibaldi era privo di entrambi i padiglioni auricolari. Non per difetto di nascita, ma per mutilazione. Secondo il mio informatore, nei primi tempi del suo soggiorno in Sud America Garibaldi aveva partecipato a varie razzie di cavalli nel Rio Grande. Sorpreso e catturato, gli erano state tagliate le orecchie, perché tale era la punizione in uso per i ladri di bestiame. Da allora l'Eroe avrebbe sempre portato i capelli alla nazzarena non per sembrare un profeta, ma solo per nascondere la sua troppo eloquente mutilazione. Si trattava di una "perla", da prendere con le pinze, ma da includere nel quadro destinato ad equilibrare l'intollerabile esaltazione dell'Eroe dei Due Mondi e da appaiare alla morte di Anita nelle paludi di Comacchio e sulla quale le male lingue si sono esercitate lungamente: la morte, avvenuta proprio quando l'Eroe era in pericolo di venir catturato, il seppellimento affrettato sotto poca sabbia, la mano di Anita che sporgeva dal suolo e che fu rosicchiata dai cani, le lesioni o ecchimosi alla carotide, attribuite ai cani. Una pagina pesante e macabra, sulla quale i biografi sorvolano con qualche disagio. Mentre la storia delle orecchie è allegra e tutta da raccontare.

Nantas Salvalaggio, persona garbata, inoffensiva, discreta, è scrittore non inferiore a tanti altri riveriti dalla critica, ma non ottiene consensi se non dai lettori. Gli "addetti ai lavori", e ai favori, lo dimenticano volontieri. «Ha successo» dicono «vende, non ha bisogno di noi, che del resto non facciamo vendere.»

Gli "addetti" sdegnano, professionalmente, chi non ha bisogno di loro, come i medici sdegnano o almeno non prendono in considerazione, professionalmente, le persone sane. Salvalaggio potrebbe non far caso agli "addetti", ridersi delle loro valutazioni; ma invece ci pensa. «Mai un premio» dice con tristezza «mai un bel pezzo critico, mai una promozione.»

Fosse invidia, dispetto verso chi è arrivato da solo, più che disattenzione? Salvalaggio non osa pensarlo e mette fuori un libro dopo l'altro, estende la rete dei suoi lettori, si fa il suo posto tra gli autori di questi anni. Rispetta tutti, riconosce i meriti degli altri, non guarda al "Nobel" e neppure allo "Strega" o al "Campiello". È addirittura un'eccezione nella dissociazione letteraria attuale, perché vuol bene a tutti, perfino agli "addetti". È socievole, cavalleresco, affettuoso. È solo un po' malinconico, ma per conto suo, privatamente. Somiglia a certi pittori che non fanno gruppo, che non portano bandiere, non vincono premi, non sono invitati alle grandi mostre, ma vendono più di quelli favoriti dal potere o dagli "addetti", senza l'obbligo di ringraziare nessuno.

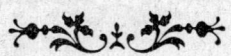

1985

Ognuno di noi ha dentro di sé un libro segreto, personalissimo, nascosto nei meandri della memoria. Forse, più che un libro si tratta di un nastro o di un filo come l'ampex, un registratore magnetico sul quale sono incise delle immagini. Basta premere un pulsante e subito cominciano a scorrere i fotogrammi o a passare le pagine, una dopo l'altra. È il libro, il film o la videocassetta dei primi ricordi impressi nella nostra mente, delle prime apparizioni, delle prime sensazioni: quelle che ci hanno tolto dal buio dell'inesistenza e ci hanno accompagnato fino al tempo in cui abbiamo cominciato ad apprendere secondo un sistema, cioè ad andare a scuola.

La scoperta del mondo avviene lentamente: le constatazioni si succedono una dopo l'altra e iniziano a formare quel deposito di informazioni che costituirà la nostra esperienza e traccerà la mappa del nostro vivere.

In quando a me, ho cominciato per tempo a ricercare "le impronte della prima vita" e ho trovato un ricordo, vago ma sicuro. Ero immobilizzato dalle fasce che allora si usavano per impacchettare i neonati, disteso e con la sola possibilità di muovere gli occhi, che dirigevo costantemente, dal semibuio della stanza, verso la luce di un'alta finestra, alla mia sinistra.

Seppi qualche anno dopo da mio padre, che quel mio guardare di traverso nei primi mesi di vita, mi aveva reso strabico. Fu lui ad accorgersi che incrociavo lo sguardo come uno spadaccino incrocia la sua spada con quella dell'avversario: l'occhio "che guarda in Francia", come si dice nei nostri paesi d'emigranti.

La cascina dove stavo a balia era l'unica costruzione che sorgesse, tra i boschi, nei pressi del valico di Fornasette, sulla strada Luino-Lugano. Le altre costruzioni erano quelle degli uffici della Dogana e della casermetta delle Guardie di Finanza.

Mio padre, quando si rese conto di quel mio difetto, scese al valico ed ebbe la fortuna di trovarvi, fermo per le operazioni doganali, un medico tedesco che viaggiava con la propria carrozza. Lo pregò di salire alla cascina della balia per constatare il mio strabismo. Il medico salì, si piegò sulla mia culla, vide e diede il suo responso: «Mettete questo bambino» disse «in modo che la finestra sia alla sua destra. Dopo un mese, mettetelo stabilmente di fronte alla finestra. Lo strabismo si correggerà».

Doveva essere un mezzo mago quel tedesco, perché i miei occhi dopo un mese o due tornarono a guardare diritto.

Di quel soggiorno alle Fornasette, che durò tredici mesi, ricordo, oltre alla stanza con la finestra in alto, il prato davanti alla casa e il suo colore verde. Non altro. Nel libro dei primi reperti visivi seguono molte pagine bianche, poi cominciano a profilarsi i volti di mia madre e di mio padre, gli spazi nuovi che avevo intorno nella casa dei miei, la cucina, la camera, il cortile dove riuscii a muovere i primi passi. Prendevo innanzitutto conoscenza degli oggetti: il cucchiaio, il piatto, la tazza e tutto ciò che potevo afferrare. Le cose lontane, il cielo, i monti, il lago che era di fronte a casa mia, la strada e la piazza, si mantennero fuori del mio campo d'osservazione per lungo tempo. Ma il cane dell'oste, nel cortile, il gatto del sarto, che stava al primo piano del palazzotto seicentesco in rovina del quale la mia famiglia occupava un lato, entrarono presto nel mio mondo, che cominciò a popolarsi anche di persone: il portalettere, il lattaio che passava ogni sera col carrozzino carico di bidoni, il panettiere col suo negozio al di là della strada, la poca gente che veniva per casa.

Avevo forse tre anni quando cominciai a distinguere gli odori e i colori e ad allargare la prima cognizione del luogo nel quale ero capitato.

Questo esercizio del ricordare le cose più lontane, che forse tutti fanno, diventa stranamente ricorrente col passare degli anni, quasi che la nostra storia abbisogni continuamente del suo primo capitolo per distendersi ai nostri occhi in tutto il suo corso fino a disegnare la figura quasi intera della nostra esistenza. Esercizio proficuo, quasi necessario alla conoscenza di noi stessi, alla percezione più precisa possibile del posto che occupiamo sulla terra.

Il nostro archivio personale comincia con quei dati e trova la sua collocazione, quasi insignificante ma certa, nel grande archivio dell'intera umanità, che è una parte dell'archivio di Dio.

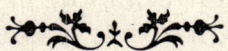

Nel giardino della Fondazione Güggenheim a Venezia, alla fine di giugno, dopo le diciotto e col sole già arrivato al tramonto, Andrea Zanzotto siede a un tavolino ai piedi dello scalone che porta alle sale del Museo. Ha davanti alcuni fogli e di fianco una giovane inglese con in mano altri fogli.

Un uditorio di sessanta persone è comodamente assiso nello spazio tra l'entrata e il giardino dove è sepolta Peggy Güggenheim, vicino ai dieci o dodici cani che le fecero compagnia nel dopoguerra. Tra il pubblico c'è Sir Stephen Spender, Carlo Bo, Bianca Montale e gli altri membri di giuria del Premio Librex Montale Güggenheim.

Tranquillo, Zanzotto legge alcune sue poesie dal volume *Dietro il paesaggio* e poi via via fino al recente *Fosfeni*. La giovane inglese, dopo ogni poesia, legge la traduzione nella sua lingua. Le poesie di Zanzotto, tradotte, sono bellissime, anche per chi non conosce la lingua inglese. Il pomeriggio declina e l'ombra si stende ormai su tutto il giardino. Zanzotto legge con calma, senza enfasi, linearmente e quasi con distacco. Spender non batte ciglio e Bo ha lasciato spegnere il suo sigaro. Un vecchio americano, fuori del cancello, guarda nel giardino tenendosi alle sbarre. Non capisce perché non gli aprano, benché l'orario delle visite alla Fondazione sia indicato in una targa che ha sotto il naso. Pare il fantasma di Ezra Pound, che abitava a due passi da qui, verso San Trovaso. Anzi, a detta di uno degli ascoltatori di Zanzotto, è il fantasma di Ezra Pound.

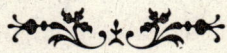

Di coloro che fumano a tavola, campioni di una patente cafoneria, è inutile discorrere. A due signore che nel vagone ristorante del treno Milano-Roma fumavano come letamai, ho sentito chiedere da un loro dirimpettaio: «Disturbo se mangio?».

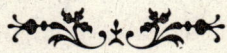

Quaglia, Formica, Cane, Cicogna, Ratto, Pavone, Gatto, Storno, Lupo, Sgombro, Piccione, Triglia, Ragno, Merlo, Cardellino, Gabbiano, Tacchino, Lucherino, Falco, Passera, Fringuello, Rondone, Gallina, Tortora, Volpe, Leone, sono tutti bei cognomi italiani, al singolare o al plurale. Nessuno che si chiami Anatra, Asino, Aquila, Civetta, Barbagianni o

Capinera. Stranezza dei nomi, venuti in parte da soprannomi o nomignoli. È vicino il giorno in cui saremo distinti con un numero e una sigla? Il codice fiscale è un passo avanti in questo senso, benché ancora legato al nome e cognome. Spariranno i ridicoli appellativi d'una volta, per i quali c'erano, e ci sono, i Saltamerenda, i Pisacane, i Cacace, i Porcelli, i Vacca e i Mazzacurati, per non parlare dei Pirla, dei Pistola e dei Mona, oppure dei Cuccuruto, dei Culacciati, degli Imposimato, degli Zanzottera?

"Via i cognomi!", sarà l'imperativo di domani? È l'epoca delle sigle, delle targhe, della quintessenza dell'essere o meglio della sua riduzione a una formula. Il codice fiscale di Dante sarebbe stato ALG DNT coi numeri della data di nascita e quello del Petrarca, PTR FRC. Ma spariranno i cognomi? Si può dubitarne per tante ragioni. Fra l'altro, verrebbero a mancare con le sigle, i titoli, i dott. prof. cav. comm. rag. geom. ing. per non parlare dei titoli nobiliari, aboliti solo negli atti ufficiali ma attaccati ai cognomi come la cozza alla conchiglia, così come al nome e cognome è attaccata la fisionomia, la voce, addirittura il carattere d'ogni persona.

Il quarto centenario della morte di Carlo Borromeo, il grande arcivescovo di Milano che figura tra i santi maggiori della Chiesa, ha dato luogo a molte pubblicazioni commemorative nelle quali è spesso ricordato l'attentato del frate Girolamo Donato detto "il Farina", che facendosi esecutore di un disegno criminoso studiato da tre prepositi dell'ordine degli Umiliati, tirò un'archibugiata all'arcivescovo senza neppure ferirlo. Il Farina finì sulla forca e ai tre mandanti venne tagliata la testa dopo un regolare processo. Carlo, che sfidava la morte aggirandosi fra gli appestati e si distruggeva con le fatiche e le penitenze, pur perdonando a parole quei disgraziati, non mise lingua nell'operato della giustizia secolare. Lasciò che il Farina divenisse pendaglio e che i tre prepositi mettessero, uno dopo l'altro, la testa sul ceppo.

Durezza dei tempi, più che del cuore, sebbene Carlo fosse solito intervenire in tempo per evitare la consumazione di azioni peccaminose anche più lievi, come risulta da un manoscritto conservato nella Biblioteca Reale di Torino e da un'opera settecentesca di F. Penia, a quanto riferisce Carlo Carena in "Verbanus 5" (Alberti, Intra, 1984): Un gentiluomo che molto amava il Cardinale, dice il manoscritto, essendo un giorno in orazione nella sua camera nella quale era entrata "una giovane serva di casa per conciare il letto", si sentì "tentare di libidine". La tentazione cresceva e già trovava il consenso dell'altra parte, quando al gentiluomo apparve il Cardinale, che lo atterrì e "lo liberò dal peccato". Lo stesso accadde, secondo il Penia, a un nobile cittadino milanese "divoto di S. Carlo", che mentre pregava, essendo entrata una cameriera, stava per passare a peccaminosa immaginabile operazione quando venne fermato dall'apparizione del Santo, morto da quattro anni ma ancora sollecito dei suoi devoti, pericolanti tra il letto e l'inginocchiatoio.

Una volta le crestomazie o antologie di poesie miravano a scegliere alcuni brani d'autore ritenuti esemplari per la scuola. I libri di lettura delle elementari, recavano brani di poeti come Erminia Fuà Fusinato, e ancora più facilmente, di maestre e distinte signore del tutto estranee alla poesia, ma gradite ai compilatori per la loro semplicità. Poesia per i fanciulli: come se la grande, la vera poesia, fosse proponibile solo ai maggiorenni. Le antologie per le scuole medie si basavano, fortunatamente, sui classici, con varie preferenze, ma con riguardo alla storia della letteratura.

Vennero poi, coi primi anni del Novecento, le antologie poetiche destinate a dar corpo ai vari movimenti, crepuscolari, decadenti, ermetici e post-ermetici. Cominciò allora la prevaricazione, con la proposta di certi nomi e l'esclusione di altri, con le forzature critiche e storiche che l'antologista si arrogava, l'inclusione degli amici di gruppo e di quelli personali, il bando agli avversari di partito o di ideologia, agli isolati. C'è stato chi ha fatto delle antologie per accogliervi, a pagamento, poetastri velleitari, e chi profittando d'un certo nome come critico e filologo oppure d'una cattedra universitaria, ha operato settariamente, non solo attraverso le esclusioni, ma graduando il giudizio secondo le proprie simpatie e l'utile indiretto che in forma di reciproca valorizzazione si proponeva di ricevere.

Gli ultimi antologisti di poesia hanno scelto nelle raccolte precedenti o si sono tenuti ai nomi più collaudati dell'intero Novecento, operando anche loro alcune esclusioni e stabilendo livelli di valore arbitrari o di favore, a seconda dei loro estri e dei loro livori, oppure per secondare tendenze critiche di moda. Hanno quindi operato come dei pessimi calzolai, adattando il piede alla scarpa e non la scarpa al piede. Tali antologie, destinate a figurare solo nella loro stenta bibliografia, sono più che altro delle autoanalisi dalle quali risulta il cattivo stato della loro salute critica: non un panorama storico, ma una difficile digestione, con tanto bicarbonato e poca pepsina.

Accadono strani fatti al mondo, anche più strani di quello che sto per raccontare.

Si chiamava Federico Sgambella, era un ragioniere, amministratore di stabili, fiscalista di paese, consulente di artigiani ed esercenti. Un uomo onesto, franco, corretto, all'antica. Lo conobbi quarant'anni fa casualmente e diventammo amici per cordialità reciproca. Una volta sola, trent'anni or sono, trovandomi nel suo paese, che è poco distante dal luogo dove vivo, gli feci visita in casa. Mi informò, in quell'occasione, di due o tre gravi disgrazie che avevano condizionato ma non guastato la sua vita.

Gli era rimasta la moglie e una figlia.

Lo incontravo, a caso, ogni dieci anni all'incirca. Ci facevamo gran festa per cinque minuti, e via. Dopo almeno quindici anni l'ho incontrato il mese scorso in un negozio. Era sempre uguale, attivissimo, veloce, pieno di cordialità.

Ieri è morto. Lo apprendo dal giornale di provincia che guardo ogni mattina. Un solo necrologio lo riguarda: amici di famiglia che si condolgono con la moglie e con la figlia. Ma è lui, non c'è dubbio: Federico Sgambella, deceduto, "dopo breve malattia". I funerali seguiranno domani, poi non se ne saprà più nulla.

Il suo nome è apparso sulla stampa solo col necrologio: massima lode per un uomo. Appare qui, deformato e irriconoscibile, per non turbare in alcun modo l'ombra di memoria a cui si affida, e solo perché da un po' di tempo tengo conto di chi scompare intorno a me: spunto, cancello uno dopo l'altro amici e conoscenti, nomi risonanti e nomi oscuri. Il bosco dei viventi dirada, si svuota la platea, spero di essere l'ultimo ad andarmene. «Richiamano le classi» diceva Vittorio Sereni negli ultimi tempi della sua vita. Dino Buzzati diceva invece: «Il reggimento parte all'alba».

Del titolo bizzarro di questo libro parla *in limine* lo stesso Chiara, legittimando l'eterogeneo miscuglio delle cose «più disparate e contraddittorie, accozzate insieme da necessità amministrative o politiche o dalle combinazioni della storia e della cronaca»: privativa, *drugstore*, *bazar* magazzino delle merci. Con il suo passo più agile, tutto concretezza e vivacità, lo scrittore cita a meraviglia la buffa congerie del Burchiello: «Il primo era medico, l'altro era zoppo e il terzo bolognese».

Ma da quanta sollecitudine questo libro nasca e di quali linfe umane si nutra ce lo ha detto Federico Roncoroni nella *Nota introduttiva* alla prima edizione (1989), naturalmente postuma. Appunti di «varia umanità e di fortuita amenità», che furono dapprima e principalmente pubblicati sull'inserto culturale del «Corriere del Ticino» (il giornale su cui Chiara pubblicò a puntate, dal 2 febbraio al 23 marzo 1962, *I giovedì della signora Giulia* con lo pseudonimo di Nik Inghirami), a partire dall'inizio degli anni Settanta: ossia quando già erano usciti romanzi come *Il piatto piange* (1962), *La spartizione* (1964), *Il balordo* (1967) e i racconti della raccolta *L'uovo al cianuro e altre storie* (1969).

Chiara, insomma, è autore sulla cresta dell'onda, anche se in forte e stolido odore – dati i tempi – di connivenza con le leggi del consumo e del mercato. La testimonianza di Roncoroni, che gli fu a lungo vicino e di cui v'è traccia pudica anche in questo libro, è importante perché rievoca la cura artigianale dell'opera, la drammatica decenza con cui lo scrittore ordina alla fine le sue carte; nella speranza, forse, di dare alla morte quello scacco che al vecchissimo padre era, come qui si narra, una volta riuscito.

Umanità varia dunque, ma amenità fortuita. Quella di un Chiara integralmente comico è infatti pura leggenda. Dopo la pubblicazione delle prose e dei racconti di *Con la faccia per terra e altre storie* (1965) toccò a Pampaloni di notare non senza stupore come la vena più ridanciana e vulgata dello scrittore di Luino fosse, sia pure lievemente, segnata da un «margine d'ombra». Per chi già conosceva le prose, almeno, di *Dolore del tempo* (1959) non ci fu invece sorpresa. Chiara è umorista per scelta e da sempre moralista per vocazione. Nel suo linguaggio l'ammissione è prudente, ma non reticente: «Se non sono un moralista, poco manca».

Non quanto Roncoroni, ma ho memoria anch'io degli ultimi tempi. Una volta l'ho incontrato per un'intervista ed era appena uscito dal momento più acuto della malattia, gli era rimasta una lieve incrinatura nella voce, una sottile traccia di fatica non del tutto dissolta. Mi ricevette nel suo alloggio e si scusò di non poterlo fare nel consueto studio-mansarda, che si affaccia sul lago varesino e sui saliscendi di una terra non meno deturpata da ville e nanetti della Brianza di Gadda: lo scrittore in cui Chiara specchiava i lineamenti di un'antiretorica affinità. Anche Chiara, come Gadda, non nutriva certo fantasie di morte letterata: morire scrivendo l'ultimo rigo. Ironizzò: «Cose che vanno bene per Petrarca e per D'Annunzio».

Tuttavia continuava a lavorare. Aveva sul tavolo le cartelle dattiloscritte dell'ultimo romanzo, *Saluti notturni dal Passo della Cisa*. Diceva di essere ancora tormentato dal finale. «La vita – osservò – se non la racconto, non la sento». Tutto nasceva come sempre in un ciclo collaudato: una storia narrata oralmente, messa di continuo a punto per aggiustamenti successivi e finalmente scritta. Disse che in una vita si fanno tante cose «ma il più è avere memoria per recuperarle».

Sapeva che la provincia della sua narrativa è ferma agli anni della giovinezza e non si nascondeva di essere il narratore di un mondo che non c'è più, un universo ottocentesco profondamente incuneato nel nostro secolo, visto che «i secoli non hanno scadenza cronologica immediata». I caffè, il gioco, i capitani dei battelli che solcano le acque del lago come si naviga la vita sono tutti miti e figure di un'epoca rivissuta senza sentimentalismi. Nei paesi lacustri e nelle convalli più recondite e segrete che le carte ignorano, Chiara ha modo di sviluppare la sua vena di moralista perfettamente a tono con quella «linea lombarda» in cui Anceschi, fin da principio, non mancò di includere l'esordio poetico di *Incantavi* (1945).

Quale altra ragione per narrare, se non quella di far rivivere i fatti, i luoghi, le persone trattenendoli con gioia il tempo necessario per fissarli sulla pagina, dove prendono un nuovo aspetto «più gradevole di quello vero»? Cogliere la vita fino all'ultimo e offrirne il tremito di luce e d'ombra. Patire il senso di una nuova solitudine, non diversa da quella un po' randagia dell'adolescenza malinconica: «la solitudine del narratore, sospeso tra la vita e il sogno della vita, come il ragno al filo della sua tela». E dunque anche un po' il canto di un prigioniero, la cui allegria apre lievi spiragli nel buio che si è fatto crescere intorno.

La confessione scaturisce in linea con un personaggio

fraternamente eletto come Giuseppe Viviani (già raccontato da Chiara in altri luoghi) e non suona affatto peregrina: « "Tu sarai il mio biografo!" mi diceva certe volte. E pensava a un agiografo, a un esaltatore del quale aveva bisogno per rifarsi degli affronti, senza pensare che la mia vena era amara come la sua e che avrei potuto scrivere solo la storia delle sue illusioni, del suo lungo errare nel groviglio d'un mondo che non gli andava bene e che cercò di volgere a suo profitto riuscendo a ricavarne poca gioia, qualche stenta allegria e un mare di lacrime rapprese nei suoi inchiostri ».

Negli inchiostri di Chiara l'amarezza è più che un lieve controcanto. Far nomi grossi non serve quasi mai a nulla, salvo mettere sulla traccia di una tendenza, di un gusto. Naturalmente legittimati da una paternità volentieri accetta, si è sempre pronunciato il nome del Boccaccio, ma forse conviene qui avvicinargli un sia pur più temperato, *penchant* ariostesco: una serenità e una tolleranza almeno tendenziali, una ludica capacità di tradurre le gesta multiformi dell'uomo in satira non greve. Anche se è poi soprattutto il libertino Casanova a scoprire i segni di un'ascendenza veramente persuasiva, l'onesta concomitanza di carattere e di stile, che passa attraverso una studiosa e persino filologica assiduità. A cominciare dalla comprensione per « quel suo ostentato vitalismo che gli procurò tanti spregiatori tra i letterati dell'Ottocento e fra i malaticci d'ogni epoca »; e, ancora, dal riconoscimento delle « qualità di racconto dei *Mémoires* », fino ai più minuti e incisivi riscontri: il « contatto vivo e quasi parlato » con i lettori, l'aspirazione a divertire, le esemplificazioni « sulla psicologia del giocatore, della donna leggera, del lenone, della spia, dell'imbroglione, del medicastro, dell'uomo di religione corrotto e dell'uomo politico impostore »; l'intera casistica dei « vizi » umani. Non contando poi le doti spiccate di *raconteur*, l'«itinerario spettacolare» della vita: il vivere, appunto, come «multiforme e sempre nuovo spettacolo».

Ed eccoci dunque più propriamente a *Sale & Tabacchi*. Deposito della memoria? ideario? zibaldone? diario? *journal*? Un po' tutto questo insieme ma niente di veramente specifico. Nessuna etichetta troppo precisa conviene a questo libro. Dello zibaldone manca il valore d'officina, del *journal* l'assiduità introspettiva, del diario l'intimità, dell'ideario la disposizione intellettuale. Qui c'è una gran cura di non presumere e soprattutto, ancora una volta, la volontà di raccontare: anche attraverso la vigilanza meticolosa del dosaggio.

Ne hanno parlato in un'altra occasione Fruttero & Lucentini e a maggior profitto la loro osservazione andrebbe per la circostanza richiamata. Ad uno squarcio autobiografico, un estratto da qualche lettura; a una riflessione morale, un aneddoto appena allusivo; al ritratto di un amico o a una nota di paese, una battuta o un apologo; a un dialogo secco, un racconto scorciato o una storietta golosa. La larghezza non consente grandi escursioni: il lungo e il brevissimo sono rari, prevale una misura che direi breve.

L'amarezza e il dolore vi corrono rimpiattati dentro apparenze divertite, affabulate, a tratti grottesche e a volte persino surreali. A parte le storie di fantasmi e *revenants* che transitano tra morte e vita – tracce di un'esilissima frontiera, emblemi più o meno trasparenti delle golose apparenze del vivere –, basterebbe segnalare la domanda alquanto inconsueta: «Ma chi sa nulla oggi dell'uovo?».

Il mondo è una valle di lacrime, ma ci sono isole, osterie, salotti, piccoli paradisi che rendono la traversata sopportabile «e qualche volta addirittura piacevole». Del resto è l'«amore delle piccole cose» che offre qualche tregua all'aforisma forse più radicale: « Non c'è nulla di più incostante dell'uomo ». La scrittura stessa non è che l'illusoria speranza « di un luogo di delizie, di un giardino incantato dove non possa entrare la morte ». Felice contraddizione, giacché « la vera unità di vita non è l'anno o il mese, ma il giorno ». E Chiara è tale scrittore che « prova la vita su di sé prima di raccontarla ».

Qui lo troviamo persino agguerrito e il suo libro va sotto l'insegna di una domanda cruciale, che viene quasi subito posta: « Mi domando: io vivo contro? » e le pezze d'appoggio di una risposta affermativa corrono dappertutto. Contro che cosa? Contro la paura di non sembrare abbastanza intelligenti, contro quello che Canetti chiamerebbe il « grasso » delle citazioni, contro il narcisismo metodologico di strutturalisti semiologi narratologi, contro le cattive parole, i neologismi, i linguaggi presuntuosi, le espressioni stupidamente *à la page*, le mode, il folklorismo di massa, la fatuità, l'oscenità, l'educazione sessuale, i critici superciliosi che dettano ricette, i filosofi accaniti, le profezie, gli oroscopi, i nuovi ricchi, le dissacrazioni mondane, la tronfiezza (e qui l'antifoscolismo ha di nuovo Gadda alle sue spalle), il postmoderno. Una vera e propria *deprecatio temporum*, il parlare sporco, la confidenza eccessiva, l'impoverimento dei rapporti umani: « Oggi è tempo di convergenze più o meno parallele, di ecumenismo confusionario, di accordi tra fede e scienza e di mascherati compromessi tra religione e politica ». Dietro la metamorfosi dei tempi il moralista cerca infatti il permanente e facendo conto dell'uomo « con le sue peculiarità, con l'unicità della sua faccia e della sua coscienza » è sempre per eccellenza un conservatore.

Qualche ragione polemica potrebbe oggi apparire un po' sfocata, qualche altra attualissima. Sul mestiere del narratore, ad esempio, su cui tanto Chiara si diffonde, tornandoci sopra a più riprese, ogni volta precisando qualcosa, elaborando altrettante tessere di un piccolo manuale di poetica facilmente estrapolabile. La constatazione fondamentale è che mancano «gli scrittori e in particolare i narratori». Per Chiara bisogna raccontare i fatti, attenervisi, guardare ai grandi che facevano uscire le marchese all'ora prescritta, rifuggire dalle troppe stitichezze psicologistiche e dai minimalismi di maniera, poiché il circuito si tiene ad un'evidenza palmare. Lo scrittore è «uno che racconta delle storie e trova chi le sta a sentire».

Così, anche in questo libro che autorizzerebbe deroghe, tutto ridiventa narrazione. Un ritratto, una battuta, un estratto, una confessione, un personaggio, un gesto, un luogo, sia che si tratti di Luino (l'*umbilicus mundi*), sia che si tratti di Monteviasco; di San Carlo Borromeo oppure della nutrita galleria di nomi amati e meno. Ci sono Palazzeschi, Viviani, Gentilini, Morselli, Cattafi, Fabbri, Buazzelli, Sinisgalli, Quasimodo, Prezzolini, Marin, Sereni, Penna, Salvalaggio. Forse soltanto in un caso il «contro» detta la più storica delle ingiustizie (ma anche sulla giustizia e sulla sua amministrazione corrono qui amare note). Mario Pannunzio? Uno «dei più grossi palloni gonfiati del dopoguerra».

La miscela, al solito, è accorta: amaro e dolce, forte e piano, persino pianissimo perché «lei» – l'inevitabile nemica – non senta. E il punto è pur sempre lo stesso: respingere la morte finché si può, facendole lo sgambetto o ergendosene a sentinella insonne, com'è suggerito nel commosso necrologio di Luigi Barzini. Le ultime parole non sono certo a caso: «Il bosco dei viventi dirada, si svuota la platea, spero di essere l'ultimo ad andarmene». «Richiamano le classi» diceva Vittorio Sereni negli ultimi tempi della sua vita. Dino Buzzati diceva invece: «Il reggimento parte all'alba». Chiara sente ormai la prossimità della sua ora, e si mette pudicamente al passo di due autori congeniali, uno dei quali sicuro amico. Alla decenza di questo moralista «minimo» non si sarebbe potuto chiedere davvero di più.

Giovanni Tesio

Nota bibliografica

Opere di Piero Chiara

A parte le poesie di *Incantavi* (Lugano, Edizioni di Po-
schiavo, 1945), l'opera di Chiara comprende saggi, tra-
duzioni, commenti, cura di libri d'arte, di antologie e di
opere varie. Ma soprattutto racconti e romanzi, ai quali
ci limitiamo in questa sede: *Itinerario svizzero* (prose), Lugano, Edizioni del «Giornale del Popolo», 1950; *Dolore
del tempo* (prose e racconti), Padova, Rebellato, 1959;
Il piatto piange (romanzo), Milano, Mondadori, 1962; *Mi
fo coragio da me* (prose), Milano, All'insegna del pesce
d'oro, 1963; *La spartizione* (romanzo), Milano, Mondadori, 1964; *Con la faccia per terra e altre storie* (racconti
e prose), Firenze, Vallecchi, 1965; *Il balordo* (romanzo),
Milano, Mondadori, 1967; *L'uovo al cianuro e altre storie*
(racconti), Milano, Mondadori, 1969; *I giovedì della signora Giulia* (romanzo), Milano, Mondadori, 1970; *Il pretore di Cuvio* (romanzo), Milano, Mondadori, 1973; *Sotto la Sua mano* (racconti), Milano, Mondadori, 1974; *La
stanza del Vescovo* (romanzo), Milano, Mondadori, 1976;
Le corna del diavolo (racconti), Milano, Mondadori, 1977;
Il cappotto di astrakan (romanzo), Milano, Mondadori,
1978; *Una spina nel cuore* (romanzo), Milano, Mondadori, 1979; *Le avventure di Pierino al mercato di Luino* (racconti), Milano, Mondadori, 1980; *Vedrò Singapore?* (romanzo), Milano, Mondadori, 1981; *Helvetia, salve!* (racconti e prose), Bellinzona, Casagrande, 1981; *Viva Migliavacca! e altri 12 racconti* (racconti), Milano, Monda-

dori, 1982; *40 storie di Piero Chiara negli elzeviri del «Corriere»*, Milano, Mondadori, 1983; *Il capostazione di Casalino e altri 15 racconti* (racconti), Milano, Mondadori, 1986; *Saluti notturni dal Passo della Cisa* (romanzo), Milano, Mondadori, 1987; *Pierino non farne più!* (racconti), Milano, Mondadori, 1987; *Di casa in casa, la vita. 30 racconti*, Milano, Mondadori, 1988; *Fatti e misfatti* (racconti), Milano, Mondadori, 1988; *Gli anni e i giorni* (racconti), Pordenone, Studio Tesi, 1988; *Tre racconti*, Mondovì, Boetti & C. Editori, 1989; *Sale e tabacchi* (zibaldone di appunti), Milano, Mondadori, 1989; *Le avventure di Pierino*, Milano, Mondadori, 1990.

Un'antologia di racconti di Chiara è stata allestita e annotata da Federico Roncoroni con il titolo *Ora ti conto un fatto* (Milano, Mondadori, 1980). Sempre Roncoroni ha pubblicato *Il meglio dei racconti di Piero Chiara* (Milano, Oscar Mondadori, 1989).

Bibliografia critica

Numerose le edizioni negli Oscar Mondadori, importanti perché introdotte da proposte di lettura meno episodiche di quanto sia dato di solito riscontrare nelle recensioni. Esse sono: *Il piatto piange* (Introduzione di Mario Bonfantini), 1968; *Il balordo* (Luigi Baldacci), 1972; *La spartizione* (Carlo Bo), 1973; *L'uovo al cianuro e altre storie* (L. Baldacci), 1974; *Il pretore di Cuvio* (Enrico Ghidetti), 1976; *La stanza del Vescovo* (Giancarlo Vigorelli), 1977; *Con la faccia per terra e altre storie* (Geno Pampaloni), 1978; *Tre racconti* (Claudio Marabini), 1979; *Le corna del diavolo* (Giansiro Ferrata), 1979; *Il cappotto di astrakan* (Marco Forti), 1980; *Vedrò Singapore?* (Giovanni Tesio), 1983; *Viva Migliavacca! e altri 12 racconti* (Giuseppe Amoroso), 1984; *Il capostazione di Casalino e altri 15 racconti* (G. Tesio), 1988; *Saluti notturni dal Passo della Cisa* (G. Tesio), 1989; *Di casa in casa, la vita* (G. Tesio), 1990.

Tra i saggi e gli studi si possono segnalare: V. Bramanti, *"I ladri" di Piero Chiara*, « Antologia Viesseux », gennaiomarzo 1968; E. Panareo, *Piero Chiara*, « Il Protagora », n. 69, maggio-giugno 1970; R. Fedi, *Favola e letteratura nella narrativa di Piero Chiara*, « Italianistica », agosto 1976; G. Carena, *Piero Chiara e il suo lago*, « Verbanus », 2, 1980; F. Roncoroni, Introduzione a *Helvetia, salve!*, Bellinzona, Casagrande, 1981. A parte va citata la lettera di N. Gallo a V. Sereni scritta il 4 aprile 1961, che valse a Chiara l'ingresso nella collana del Tornasole (la lettera è ora raccolta in *Scritti letterari di N. Gallo*, a cura di O. Cecchi, C. Garboli, G.C. Roscioni, Milano, Il Polifilo, 1975).

Per una lettura critica complessiva dell'opera di Chiara, si rinvia a F. Ghidetti, *Invito alla lettura di Chiara*, Milano, Mursia, 1977 (arriva a *La stanza del Vescovo*) e a G. Tesio, *Chiara*, Firenze, La Nuova Italia, 1982 (arriva a *Viva Migliavacca! e altri 12 racconti*, con ampia bibliografia delle recensioni segnalate libro per libro). Giova qui integrare la bibliografia con le principali recensioni apparse in seguito alla pubblicazione delle ultime opere. Per *Il capostazione di Casalino*: G. Servello, « Il Giorno », 15 febbraio 1986; S. Artom, « Il Giornale », 6 marzo 1986; G. Spagnoletti, « Il Tempo », 4 aprile 1986; C. Marabini, « Il Messaggero », 7 aprile 1986. Per *Saluti notturni dal Passo della Cisa*: G. Nascimbeni, « Corriere della Sera », 28 febbraio 1987; C. Marabini, « Tuttolibri », 31 gennaio 1987; C. Sgorlon, « Il resto del Carlino », 7 febbraio 1987; R. Crovi, « Il Giorno », 15 febbraio 1987; L. Testaferrata e G. Soavi, « Il Giornale », 1° marzo 1987. Per *Di casa in casa, la vita* (con Introduzione di C. Fruttero e F. Lucentini): G. Nascimbeni, « Corriere della Sera« , 8 maggio 1988; M. Lodi, « La Prealpina », 11 giugno 1988; F. Portinari, « Tuttolibri », 11 giugno 1988; G. Bonura, « Avvenire », 11 giugno 1988; G. Amoroso, « La Gazzetta del Sud », 21 giugno 1988. Per *Sale e tabacchi*: F. Fagioli, « Il Giornale », 12 novembre 1989.

G.T.

Indice dei nomi

Aélis, vedi Mazoyer, Aélis
Agnelli, Susanna, 285
Agnelli, tipografia, 273
Agostino, santo, 159, 214
Alberti, editore, 306
Albertini, Luigi, 255
Alcmena, 210
Aleramo, Sibilla (pseud. di Faccio Rina), 79
Alfieri, Vittorio, 157
Ambrogio, santo, 214
Amiel, Henri-Frédéric, 67, 205
Ammannati, Bartolomeo, 111
Andreotti Giulio, 285
Arbasino, Alberto, 181-182
Ariosto, Ludovico, 181
Aristone di Chio, 84
Aspinall, Sara, 250
Atanasio, santo, 214

Bacchelli, Riccardo, 82
Bach, Johann Sebastian, 20
Bacon, Francis, 131
Bailly, Jean-Silvain, 137
Balbo, Italo, 223
Balestrini, Nanni, 265
Ballinari, 147

Balzac, Honoré, de, 120, 130, 230
Bandello, Matteo, 93, 129
Bàrberi-Squarotti, Giorgio, 155
Baretti, Giuseppe, 276
Barigozzi, Claudio, 267
Barthes, Roland, 116
Bartolucci, Ezio, 31
Barzini, Luigi, 196, 287
Bataille, Georges, 82
Baudelaire, Charles, 283-284, 286
Bazler, Bobi, 284
Beccaria, Arnaldo, 23
Belcari, Feo, 129
Benedetto, santo, 215
Bertoldi, Silvio, 238-239
Bettiza, Enzo, 187
B., F., 22
B., G., 48-49
Bianchi, Bianca, 267
Bianchi, Ruggero, 103
Binda, Alfredo, 231
Birolli, Renato, 159
Bismarck-Schönhausen, Otto, von, 283
B., L., 22
Bo, Carlo, 303-304

Indice

«Sale & Tabacchi»
di Piero Chiara
Oscar narrativa
Arnoldo Mondadori Editore

Questo volume è stato stampato
presso Arnoldo Mondadori Editore S.p.A.
Stabilimento Nuova Stampa Mondadori - Cles (TN)
Stampato in Italia - Printed in Italy